帮助比利——
懂得孩子才能赢得孩子

Help for Billy：A Beyond Consequences Approach to Helping Challenging Children in the Classroom

〔美〕Heather T. Forbes　著

纪奕欣　全世怡　译

北京航空航天大学出版社

图书在版编目(CIP)数据

帮助比利：懂得孩子才能赢得孩子／(美)希瑟·
福布斯(Heather T. Forbes)著；纪奕欣，全世怡译
. -- 北京：北京航空航天大学出版社，2022.8

书名原文：Help for Billy：A Beyond
Consequences Approach to Helping Challenging
Children in the Classroom

ISBN 978 - 7 - 5124 - 3852 - 1

Ⅰ.①帮… Ⅱ.①希… ②纪… ③全… Ⅲ.①家庭教
育 Ⅳ.①G78

中国版本图书馆 CIP 数据核字(2022)第 153065 号

帮助比利——懂得孩子才能赢得孩子

Help for Billy：A Beyond Consequences Approach to Helping Challenging Children in the Classroom

［美］Heather T. Forbes 著

纪奕欣 全世怡 译

策划编辑 董宜斌 责任编辑 孙兴芳

*

北京航空航天大学出版社出版发行

北京市海淀区学院路 37 号(邮编 100191) http://www.buaapress.com.cn

发行部电话:(010)82317024 传真:(010)82328026

读者信箱:copyrights@buaacm.com.cn 邮购电话:(010)82316936

艺堂印刷(天津)有限公司印装 各地书店经销

*

开本 710×1 000 1/16 印张:10.5 字数:188 千字

2022 年 8 月第 1 版 2022 年 8 月第 1 次印刷

ISBN 978 - 7 - 5124 - 3852 - 1 定价:59.00 元

译者序

我是两个孩子的妈妈,也是大学的教育工作者,是典型的当代上有老下有小的独生子女代表,很幸运在2019年听到朋友分享本书英文版的内容。这之于那个时候对工作迷茫不解、家庭困顿无力的我而言,无疑是撕开了生活磨砺的灰暗幕布,让一道生命之光照了进来,继而开启了我人生中最重要的成长之旅。旅途之中,我收获了无数感动、痛苦、无奈、接纳、豁达、理解,还有爱和自我关怀。如书中所言,我们每个人在成长过程中或多或少都会经历创伤,并受到创伤带来的不同影响。在翻译过程中,以及与原作者团队的沟通中,我愈发理解书中传达的理念,历时两年,我也在不断体验和领悟。于我而言,这是一个慢慢洗净创伤影响的过程。作为译者,我的收获远大于本书中呈现的文字内容。涓涓细流,喜自于心,令人难以忘怀,只希望这本书能走进大家,让读者、教育者和家长能够从孩子们调皮捣蛋、不受管教、古怪行为的固定认知中跳脱出来,用带着爱的视角去看见行为表现下面的"故事",那是每个孩子独特的生命历程。

当然,这种新的认知模式在我们充满了各种GPA考核、排名的激烈竞争的学校里,很难寻找到一片完美的实践沃土,而且孩子们在被深深相信之后所带来的行为变化通常是一个缓慢的过程,甚至在他的整个学涯期间这种变化都无法凸现出来。我们每一位教育工作者都应该思考教育的本质是什么。是关乎积分表上的数字,还是关乎这个人的成材、独立的思考能力?这些关注和讨论会给我们带来支持和力量。教育工作者需要有很大的耐心和信任才能平衡环境的习以为常的压力,这非常不容易,而且会影响整个社会的习惯和认知。现在,我们也庆幸地看到,越来越多的大学、中学、小学甚至幼儿园都开始逐步意识到发掘孩子自身的潜力与动力才是支持他胜任学业和成为一个"完整"的人的必备素养。当我们看见谷爱凌夺冠的时候,也看见了她成长中来自于家庭的信任和支持所带给她的无限勇气,独立、自我管理、不为自己设限等种种行为表现便自然而然地发生了。

本书解释了什么是超越后果教育理念,并介绍了如何将超越后果教育理念的教导方式运用到课堂环境中。书中没有使用"他"、"她"或"它"来指代有行为问题的孩子,而是用安迪来代替在爱与理智环境中长大的孩子,用比利来代表有着创伤经历影响的孩子。第一部分：从孩童的创伤经历、情绪调节模式、大脑发育与压力调节关系、比利迟缓的发育带来的影响、信念系统的作用以及教育者、养育者的工作方式等方面来讨论超越后果教育理念；第二部分：从学校环境、过渡阶段、教师能力、学业要求、社会影响以及个性化培养方案等方面来讨论如何将超越后果教育理念运用到课堂教育的环境里。对这些内容的研究和讨论也为目前各类学校关注的家校联动、全生涯教育提供了思考方式和指导方向。

超越了一切行为后果的教育模式，同时也超越了我们的社会、文化、信仰、家族等种种因素带来的限制与局限，带着我们看到了更深的理解和需要，并让我们相信每个生命与生俱来的能力与资源，即使在情感贫瘠、缺乏关怀的环境下出现的生命，只要有机会给予其关注、理解、接纳、看见、鼓励与信任，生命本源的活力依旧会重现，只要我们去相信，相信你自己、相信生命、相信信任的力量！我们向往提供这样一种支持：能够让社会、学校和家庭共同形成信任的文化并对理解产生深深共鸣。正如书中所言，并不一定需要所有的教师都有辅导的能力，只要我们的教师能体验到爱，感受到爱，具有用自然而然的爱带来的看见能力便足矣，有时候仅仅是静静的安稳的陪伴就能够带来巨大的力量。

这对我们（教育工作者和家长）而言，是有挑战性的。由于我们自己的成长经历，有时候我们也容易看不见自我、忽视自我，当对外给予的时候仿佛掏空了自己，精疲力竭、灰心丧气。记住，我们无法给予别人我们自己没有的东西，那样的给予也不是爱的流动。所以，请先照顾好自己，觉察自己的状态，在受到挑战时深深呼吸，默念：允许一切自然而然的发生，允许勇气升腾，允许一切都可能是对的，允许它如其所是。

我深深地相信我们每个生命本来的多姿多彩、渴望绽放、渴望自由和自我实现。所以，请戴上爱的"眼镜"，看见我们的学生和我们的孩子都是一个个鲜活的生命，只是压力、迷茫、无助遮蔽了他们的光芒，凸现了人性，仅此而已。

此外，欢迎各位读者扫码加入我们，我们组建了读者交流群，读者可以在读书的过程中相互分享、体验、见证彼此的成长！

译　者

2022 年 5 月

序　言

  家庭、教育工作者和专业人士对于在学校系统中遭受创伤的儿童面临的复杂挑战深感困惑，Heather T. Forbes(希瑟·福布斯)为他们提供了一份意义非凡、迟来已久的"路线图"。帮助比利需要一套组织完备的系统性方法，通过这些方法来了解创伤性心理和神经发育对精神损害带来的影响，这些损害和影响在高危儿童中相对普遍。

  很少有教育工作者和专业人士真正了解复杂的创伤、创伤性自闭症和脑损伤的学习障碍意味着什么。当孩子的核心问题是由创伤性大脑和复杂的创伤性儿童发展的行为表现时，大多数学校系统都会聚焦在传统的概念上，并将这些行为定性为多动症和对立反抗失常。

  Heather T. Forbes 是第一位拥有临床和研究经验的具有远见卓识的作家和创伤治疗师，她开发了一本非常实用的手册，以帮助指导有在创伤经历中挣扎的儿童的家庭和教育家。这些儿童通常是被"记录在案"的儿童，而事实上，他们真正的发育障碍并未得到承认。通常，存在发育障碍和创伤影响的儿童会有许多容易被误解的症状和行为表现。Heather T. Forbes 基于多年的经验，从本质上揭示了创伤性经历对大脑和学习的影响。

  本书应该是所有学校和专业人员的必读读物，这些学校和专业人员的工作对象通常是非常复杂的儿童群体。本书也为家长和专业人士提供了极大的警醒，当面对一个受创伤的孩子在课堂上的情况时，要更加开放和综合考量。

  基于此，专业度、创造性、同理心和清晰度是本书最突出的特点。

儿童发展神经心理学家
Ronald S. Federici 博士

写给读者

把进入教室看作是一件很有挑战性的事情的孩子或学生的名字填入上方的空格中。虽然本书的标题是"帮助比利"，但它也可以是"帮助杰西卡"、"帮助迈克尔"、"帮助布兰登"或任何其他名字，本书就是关于他的生活的。

为本书创建您自己的标题，将使它变得更加真实，并适用于您和您的孩子或学生每天面临的学业挑战。上学对于孩子们来说应该是美妙的经历，但对于有一些孩子来说，却可能是截然不同的。

学校环境是为那些对学习有自然而然的热爱的孩子和能够坐在教室里保持专注的儿童设计的。但是，当一个不适合这种环境的孩子出现时，我们会继续期待这个孩子改变，并适应这个预先确定的模具，无论他或她是多么无助和无法办到。

在我与家长和学校合作时，我不断被问到这样的问题："为什么这个孩子不能像其他孩子一样?"和"为什么他不能只是坐下来，表现正常?"

这些比较性的问题反映了我们的思维模式。为了理解我们的世界和我们生活中的具体情况，我们会进行比较。我们自然会按大小、形状、颜色和其他属性进行比较。不幸的是，我们也这样对待儿童，即使心理学专家建议我们不要比较儿童，不要在家里比较兄弟姐妹，我们应该允许每个孩子有自己的个性。

在我的培训中，当我使用"孩子 A"和"孩子 B"来进行比较和区别时，我是为了显示为什么这两个孩子这么不同。然而，我们对孩子 A 和孩子 B 的标签似乎也带着情感色彩。我们谈论的是真正的孩子，有心灵和灵魂的孩子，他们是这个世界上最珍贵而温柔的存在。因此，我不将这种比较视为无害的科学数据，而是要给这两个孩子取名。孩子 A 称为"安迪"，孩子 B 称为"比利"。选择这两个名字是因为它们可以是性别中立的。安迪可以是安德鲁和安德里亚的孩子；比利是我们都熟悉的著名的女子网球运动员比利·让·金，或者是威廉的孩子。

安迪是适合经典学术模式的孩子,比利却不适合。本书致力于了解比利为什么与众不同,以及我们能做些什么来帮助他,而不是一本关于如何让比利成为安迪的书。

本书将改变你的整个思维和行为模式,这关乎我们如何与像比利这样的孩子互动,支持并教导他。比利这样的孩子就好像是方形的钉子,而我们却一直试图把它钉进圆形的孔里。

本书是为家长和教育工作者共同设计的。它不是一本单独写给家长或者单独写给教育工作者的书,它是要我们共同为一个孩子工作。因此,我们有责任在同一个团队中以同样的理解来对待比利,用最佳的方式来支持他。

我在正文中阐述的方法的基础来自我们现在关于比利的科学研究和对人类需求的基本理解。然而,更重要的是,它来自比利的眼睛和内心。

要真正理解某人,就需要愿意从别人的角度去看待生活;它需要我们走出自我和我们熟悉的现实,有踏入别人世界的勇气。这事关如何制定真正起作用的解决方案,也是改变孩子学业成败的机会所在。

我邀请您阅读本书,了解如何为＿＿＿＿＿＿＿＿＿＿＿＿＿(填入您孩子、学生的名字)提供帮助,并把自己带到一个全新的世界里,从超越后果、逻辑和控制的角度,从全新的眼光和理解中看到孩子的世界。祝你们玩得开心!

现在就开始吧!

Heather T. Forbes

目　　录

第一部分　超越后果的视角

第一部分
超越后果的视角

第一章　孩子是自己的"专家"

" If the only tool you have is a hammer，you tend to see every problem as a nail."

"如果你所拥有的唯一工具是锤子，那么所有的问题在你看来都是一颗钉子。"

——亚伯拉罕·马斯洛（Abraham Maslow）

译者：本章原文章题直译为"询问专家"，结合本章节的内容，将章题翻译为"孩子是自己的'专家'"。

当孩子从学校退学时，我们自然认为是孩子的行为存在严重问题。然而，本书想表达的是，我们看待孩子行为的视角存在着严重问题。那些举止挑衅的、学习困难的，甚至是行为极端的孩子，在我们的教育之下并没有发生良好的改变，他们在学校中的表现依旧不尽如人意。问题出在哪里呢？问题就出在我们的教育方式上，是我们的教育方式带来了这种失败。正如上述内容所言，因为我们使用的工具是唯一的——锤子，那么就会倾向于把所有问题都看成钉子，这种思维模式才是我们需要改变的。

当意识到我们的工具箱中只有锤子的时候，我们要做的并不是把孩子出现的问题看成钉子，而是要在我们的工具箱中添加工具。我们需要做的是拓展我们看待孩子的视角，尽力去理解他们行为之后所隐藏的需求。我们要有意识地重新审视发生的情况和问题，并且愿意尝试陌生的新工具。这些都是具有挑战性的事情，因为这些工具所代表的观点和做法在很多情况下甚至是与传统教育方式完全对立的。

现在，我们生活的世界与50年前，甚至20年前的世界都不一样，教室中的学生也与以前大不一样。脑神经科学的发展让我们对大脑有了更深的认识。随着对大脑认识的更加深入，我们对孩子的行为就会有更深的理解。科学表明：我们的大脑支配着我们的行为。

此外，我们很容易忽视孩子，实际上他们才是那个"专家"，是体验我们提供的教育环境的最重要的人！然而，我们却很少去问孩子在学校里需要的是什么。

作为成人,我们会害怕孩子提一些傻问题和不切实际的要求,我们会臆想他们来学校的时候要求桌子上摆放好杯子、蛋糕,或者他们的书桌应该配备电视和游戏机。

没有什么(我们担忧和害怕)比真相更重要!我们的孩子当然知道自己需要什么,他们天生拥有对事物的洞察力和对学习的热爱。成人经常会把事情复杂化,错失最简单、明显、有效的解决方式,即使这些答案经常摆在我们面前,我们也选择视而不见。造成这个现象的原因仅仅是我们使用的"锤子"视角(固化的思维模式和教育方式不允许多样性的出现,也无法恰当地处理和解决非学术性问题,这些统称为"锤子"视角——译者按)。

1.1 针对"问题"学生的调查

超越后果研究院(Beyond Consequences Institute,BCI)曾经做过一份调查,询问我们的孩子专家。通过 BCI 平台,向平台上的家庭发送 E-mail,邀请他们参加线上的公益调查。参与调查的家庭中的孩子,大部分是书中提到的"问题"学生(他们要么是对传统教育毫无反应,要么是对传统教育充满敌对情绪)。

这些孩子涉及 1 年级到 12 年级,他们的回答简单且有洞察力,他们同样赞同和支持本书中的观点。在该调查中,主要被问到的问题是:

"孩子们在学校需要什么来帮助他们更好地完成学习?换句话说,是什么让孩子们每天愿意起床去学校上学?"

1.1.1 "专家"需要什么

孩子们的回答总结起来主要有四方面:① 更少的压力;② 更好的师生关系;③更好的同学关系;④ 更有趣。

1. 14%的答案倾向表明他们需要更少的压力,例如:

(1)更少的学生,以及更多的与教师一对一相处;

(2)教室里的学生少一些会比较好;

(3)每日的安排尽可能稳定一致;

(4)有教师的陪伴和帮助,会比较有帮助;

(5)每个班级可以划分成小组来学习;

(6)学习中有更多的休息时间。

2. 12％的答案倾向表明需要更好的师生关系,例如:

（1）需要和善的教师;

（2）需要愿意与学生深度交流的老师;

（3）需要和善的而且不会总是冲学生大喊大叫的老师;

（4）教师的声音要好听,而且当学生惹怒他的时候,他也会保持平静,且语气也平静;

（5）有能够帮助我的好老师;

（6）能够照看好教室里的所有学生,并且喜欢他们。

3. 10％的答案倾向表明更好的积极的同伴关系的重要性以及朋友的重要性,例如:

（1）如果我有更多好朋友;

（2）教师知道某些孩子的霸凌行为,并且不害怕去干涉这些孩子的行为或者做些其他的事情（教师有作为）;

（3）期待遇见更多的朋友;

（4）学校能够允许和接纳孩子们的不同;

（5）当我需要帮助的时候,知道会有好朋友支持我;

（6）能够阻止那些欺负我的孩子们;

（7）教师应该让学校成为一个让孩子们觉得舒服、安全且没有霸凌气氛的地方。

4. 10％的答案中有"有趣"的描述,例如:

（1）通过使用游戏的方式教学,使得数学变得有趣;

（2）在课堂上有更多有趣的活动;

（3）我知道我的课堂上有一位有趣的老师;

（4）让学校的运行充满欢乐;

（5）在有趣的活动中教学;

（6）在一些有趣的活动中学习,而且有更多的休息时间;

（7）教室更欢乐有趣。

另一个问题会被问得比较自然,想了解的是孩子对于过去一年学校生活的内在看法。问题是这样的:

"你喜欢过去一年的学校生活吗？为什么喜欢或者为什么不喜欢呢？"

"是的,我有一位最好的老师,她让我们班级变得跟家庭一样。"

"是的,因为我的老师很好。"

"是的，因为我有很长的休息时间。"

"不！因为我被欺负。"

"不，我被欺负，而且总被扔出教室。有一次，我不想离开教室，孤独地待在走廊里，我撞倒一把椅子而没有出去。从此以后，我的老师就讨厌我，说我受过刺激。"

"当然不！我的老师一直在教室里冲我们大喊大叫！"

1.1.2 "专家"不需要什么

如上一小节所述，我们调查的回应专注在社交和情感需求上面，与减轻压力的需要是同等重要的。只有2％的学生会关注学业和更难的学术内容。

"我希望学习更多的数学。"

"如果每天学习数学，我会更喜欢我的学校，因为我爱数学。"

"对于高年级的学生，数学应该增加难度。"

如果我们希望针对学术方面的需求有明确的结果，则需要做更多的调查。但是，当我们意识到孩子本身对于学习是有着本能的渴望时，我们会得出这样一个结论，就是这种本能的渴望会在孩子社交和情感需求满足的情况下出现。平静、平衡的需求，而不是充满压力的状态，是孩子的顶层需要。安全、平静、被理解和被接纳的需求优先级要高于受教育。

孩子们的调查结果直接反映了心理学家马斯洛的需求理论。马斯洛指出，个人需求首先要被满足，之后才会激发出强烈的成长和前进的愿望。根据马斯洛的需求理论，人的生理需求、安全需求、关系与爱的需求以及尊重需求高于自我实现的需求，也就是学习的需求。马斯洛相信，当一个人的生活中的基本需求匮乏的时候，恐惧和紧张就会自然而然地出现。

鉴于马斯洛的需求理论，教室里的学习需求也遵循相似的框架。图1.1显示了如何使用学习金字塔来理解教室中的学生的需求。本书将介绍塔顶之下的各个层级，以及如何到达塔顶。

图1.1所示的简单框架反映的是本书要讲述的所有内容。为了帮助孩子能在本书中一路前行，他们的生理、安全、爱与尊重的需求必须被真实有效地看到和接纳、允许，这些比任何学习都重要。这是教育需要发生改变的地方——一场巨大的变革，这也是让挣扎在学业中的学生发生变化的唯一路径。过去，我们的关注点聚焦在金字塔尖（学生的学习和学术能力），我们的教育项目和解决方案遗漏了孩子们的行为、设计和情感需要，导致教育出很多学业失败和情感失控的

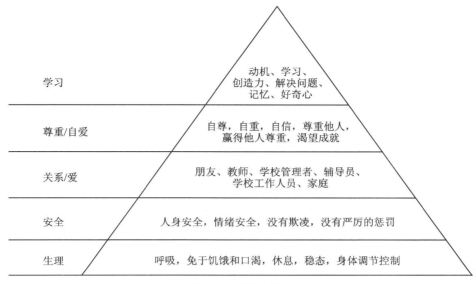

图 1.1　学习金字塔

孩子。

　　现在,是该我们拿出勇气来改变思维方式的时候了,这是颠覆性的变化。我们必须摒弃传统的长久以来主导教育的唯"学术"论,否则,我们使用的依旧还是一把锤子,把所有问题都看成钉子,然后痛苦地继续教育出失败的孩子。

　　我们需要的是另一种方式,如图 1.2 所示。

如调查所言:
_____

"如果老师解释得更好或不同"

图 1.2　本书中介绍调查结果的样本

1.2　关于调查的结果

　　本章提到的调查回应只是孩子们在调查问卷中分享的见解的一部分。在本书的第二部分,我们给出了其他回答,以加强所讨论的观点。如图 1.2 所示的框架包含与文本相邻部分直接相关的调查响应(与参与者给出的响应完全一样)。请务必注意每个横线下的内容,因为它们提供了创造课堂环境所需的答案,能够让孩子们在其中充分发挥其潜力。

第二章　儿童的情绪调控模式

"Feelings are not supposed to be logical. Dangerous is the man who has rationalized his emotions."

"情感本就不遵循逻辑。将自己的情绪逻辑化的人是很危险的。"

——大卫·博伦斯坦（David Borenstein）

（试想一个场景：）

当家长在接一通很重要且不能被打断的电话时，突然，"哇"的一声，一个小宝宝在大声哭喊，上气不接下气，越哭越起劲。

评价他是一个粗鲁、不懂礼貌和不尊重人的孩子对吗？当然不对！

小宝宝的交流方式表明他正处于压力之中，他的声音表达出他的需要。因为他还没有学习到如何运用规律的调节能力，他还无法在紧张的被忽视的情境下保持平静。他不具备自我调节的能力，它只是本能地表达自己的需要，比如营养、食物和其他未被满足的需要。换句话说，孩子根本理解不了其他人的安排意味着什么，他根本不关心父母那通电话的重要性，即使当他的父母冲他"嘘"以示关注和表示安静，他也无法平静下来，此刻，他需要的就是满足他的需求。

这与在教室中有些孩子的行为引发的后果是不是非常相似？

比如，"比利太自私了，总是在老师讲非常重要的课程的时候打断他，在要求他安静的时候，他拒绝停止讲话，他经常打断同学的发言，从来不在乎同伴的感受。"

比利和哭闹的小宝宝看起来是多么相似。他们在情绪调节上都处于异常状态，但是他们都在使用唯一一种他们认为回归"正常"的方式，他们都在寻找快乐和平静，但是他们严重缺乏一种有礼貌的方式来回归正常。他们都需要帮助，需要有情绪调节能力的正常成人的帮助和指引来回归平和状态。

2.1　高度唤醒和低度唤醒——人类面对过度压力的反应模式

前面描述的哭闹的孩子和比利的行为都是孩子在压力状态下的反应的例子，这是人类面对负向过度压力的自然反应。

在孩子处于不堪重压的情况下，他们将产生抗争或者逃避的反应（成人亦如此）。抗争的状态会让孩子处于高度唤醒（hyper-arousal）的状态，逃避的状态会让孩子处于低度唤醒（hypo-arousal）的状态。有关这些术语的定义如下：

高度唤醒是指心理和生理紧张程度的增加，表现为疼痛耐受性的降低、焦虑程度的增加、惊吓反应的夸大、失眠、恐慌、愤怒以及个性特征的加重。

低度唤醒是指心理和生理紧张程度的下降，其特征是情绪冷漠、情绪平直、易怒、低级别紧张、疏离、抑郁和绝望。

高度唤醒和低度唤醒所对应的行为如表 2.1 所列。

表 2.1　高度唤醒和低度唤醒所对应的行为

高度唤醒（抗争状态）	低度唤醒（逃避状态）
不能专注或安静就座	挑衅的
不能遵守规定	不合群
好斗的	迟缓的
好辩论的	缺席
考试前紧张焦虑	同人分离—关闭
冲动任性	逃避任务
爱冒险	总是一副"我不在乎"的态度
抗拒指示	健忘的

2.2　"好"孩子和"坏"孩子

当一个孩子无论是处于高度唤醒的状态还是处于低度唤醒的状态时，他对情绪的掌控都是失调的（dysregulated）；当一个孩子处于平衡状态时，他对情绪的掌控都是可控的（regulated）。有些孩子，源于他早期的生活经历，失控的状态高于可控的状态。这不是一个选择的问题,也不是"好"孩子和"坏"孩子的问题,这只是他们过去历史的印记。为了演示这些概念,这里将介绍贯穿整本书的以下两类孩子,这两类孩子是我过去临床治疗过的孩子。他们的历史和故事比我自己虚构出来的要真实得多。让我们来欢迎安迪和比利。

2.2.1 "好"孩子的代表——安迪

当安迪还是个胎儿时,他妈妈就因为能怀孕而很高兴。她想成为一名母亲,于是调整自己的生活,并且在怀孕期间照顾好自己。她服用产前维生素,饮食规律,锻炼身体。她减轻了生活中的压力,并且有一个支持她的配偶照顾她。安迪足月后,顺利分娩,出生时很健康。他的母亲用母乳喂养他,他的父母不分昼夜地照顾他。当他哭的时候,被抚慰。在他生命的前三年里,他待在家里,由他的父母照顾,没有被送去日托所。他通过在学前班短时间的学习逐渐熟悉了学校的环境,然后在五岁的时候被送入一所小型的幼儿园。当家里发生变故时,比如奶奶去世,安迪会得到支持,被给予情感释放的空间,并被鼓励表达自己的感受。八岁的时候(三年级时),安迪开始茁壮成长,成了模范学生。

2.2.2 "坏"孩子的代表——比利

当比利还是个胎儿正发育时,他的妈妈对怀孕感到非常愤怒。她的男朋友谎称他没有生育能力。她试图向家人隐瞒自己怀孕的事,但却被发现并被赶出家门。她别无选择,只好和一个虐待她的男朋友住在一起。比利早产了四个星期,需要立即就医,他出生后的前两周都是孤身一人在病房里度过的。从医院回家后,他的妈妈找到了一份新工作,在他六周大的时候就把他送到了日托所。他的母亲很难维持工作,因此在他生命的头五年里,他们经常搬家。在这段时间里,他有过很多看护人。当他的母亲在家和他在一起时,由于不堪重负,压力过大,没有经济或情感支持,她对比利完全没有反应。比利上幼儿园的时候便存在困难,到了八岁,他在学校里经常被记过和惩罚,而不是学习和创造。他就是那个老师们害怕在课堂上出现的孩子。

在一个三年级的班级里,我们有安迪和比利,他们都是八岁的可爱的小男孩。然而,在他们的老师看来,这两个孩子之间的反差很快就变得非常明显。安迪能集中注意力,交作业,遵守规则,和同学玩得很好,也会帮助老师。然而比利很难安静地坐着,在家里为家庭作业而战,好像他的生命价值全部依靠它来展现;在课堂上爱捣乱,爱大声喧哗;他的社交很不成熟,受到处分也无法提升和改

变。为了帮助比利,本书致力于回答相对根本的问题:

"为什么安迪和比利这两个看起来那么相似的小男孩,却在各个方面都表现得天差地别?"

这个问题的答案是"创伤。"

2.3　生命之初的创伤

比利和安迪的不同之处不需要脑电图、脑部扫描或其他专业的儿科检查。比利经历了糟糕的童年创伤,在亲子关系中他也经历了创伤。

创伤指的是任何超出基本预期而使人觉得被压垮(压力过重)的事件,给孩子带来失控感、孤独感、惊恐感、惊吓感、无价值感、不安全感,甚至危险感,引发了不被关爱和害怕被遗弃的感觉,创伤便发生了。当孩子感觉自己的存在价值在于满足别人的需要时,会发生不明显也不容易识别的创伤事件。

2.3.1　胎儿期的创伤来源

当女性怀孕并经历压力时,她的身体会产生化学物质,这些化学物质会成为成长中的胎儿的组成部分。压力荷尔蒙皮质醇、肾上腺素和去甲肾上腺素水平的升高会在母亲体内释放,并对胎儿的最佳发育能力产生负面影响。这些应激激素会收缩血管,导致子宫供氧减少。

一项研究表明,在子宫内暴露于皮质醇水平升高的儿童可能在以后的生活中难以集中注意力或解决问题。其他研究相继表明,在充满压力的子宫环境中出生的孩子更有可能患上各种与压力相关的疾病,而且子宫中的压力会影响婴儿的神经行为发育。如果一个胎儿能和他的母亲说话,他可能会说:"妈妈,你让我压力太大了!"

孩子在子宫中的最初体验,是一个孩子对于压力自我调节能力的开端。9个月大的经历,会在之后的 8 岁、10 岁和 12 岁的行为中得到显现,就像比利一样,他们无法安坐在教室中,也无法聚精会神地上课,因为他们的压力系统一直处于紧张的状态中。这并不是因为他们"不愿意"保持安静,而是因为"不能够"。

2.3.2　童年的创伤来源

在最理想的成长环境中,孩子起初是脆弱的,在他们还未发育成熟的时候,环境是安全的,他们不需要应对紧张的压力,随着年龄的增长,孩子的大脑和神经系统才能慢慢发展出应对压力、害怕和恐惧的能力。父母和孩子的照顾者有责任创造一个有爱且充满安全感的环境来照顾他们的孩子。这里,关键词是"最理想的环境"。不幸的是,我们生活在一个"真实"的世界中,孩子们经常会遇到远高于他们的压力忍耐窗的事件,创伤每日都会发生。不是所有的创伤都能够避免,没有一个孩子能够毫发无损地避免童年创伤。

童年创伤会在心理和情感两个层面上发生,它取决于孩子对于事件的感知。任何给孩子留下难以承受的压力和孤独感的事件,都被认为是创伤事件。

通常来讲,如果事件是以下方式发生的,则会更容易使压力事件引发创伤体验:

➢ 毫无预兆地发生;
➢ 孩子还没有为事件做好准备;
➢ 引发残酷事件的人是有意为之;
➢ 孩子感觉被困住了;
➢ 充满无能为力的感觉。

在经历创伤事件的时候,如果孩子有如下几种信念,影响会更严重:

➢ 不被爱的;
➢ 不值得的;
➢ 被遗忘的或者遗弃的;
➢ 无力的;
➢ 无助的;
➢ 绝望的。

最后三种——无力、无助、绝望是最严重的三种信念。当一个孩子经历着一种或者三种都在经历着时,他会认为这个世界是危险的。不断经历这些经验和感受,将会在这个孩子的身体里留下一个持久的印记,而这个印记会持续地操纵他,影响他日后的行为。一个基于恐惧和求生存的思维框架成为这个孩子看待周边世界的视角。孩子越认为他是无助和恐惧的,恐惧的印记就越深,创伤也就越深。

下面所列为很多种可能被列入创伤的童年事件。对于这些具体的事件,不能简单地认为事件本身就能给孩子带来创伤,而是根据对于这个事件的接纳程度和整个情绪状态来界定它是否为创伤事件。它是关于安全与否的感觉,它总是由孩子的观点决定,而不是现实。

> 同父母分开
> 被破坏的家庭生活
> 医疗过程或重大疾病
> 需要没有被满足
> 母亲有产后抑郁
> 贫穷
> 缺少刺激的环境
> 种族歧视
> 性、身体、言语虐待
> 离婚
> 被忽视
> 欺凌（包括兄弟姊妹间的）
> 缺少持续一致的规则和界限
> 父母过于严格刻板

> 家庭吵架或暴力
> 单亲家庭
> 父母都工作
> 多兄弟姐妹
> 缺失营养
> 领养、寄养
> 家庭成员死亡
> 父母没有表达对子女的爱
> 父母抑郁
> 父母缺席
> 父母压力过大
> 看到社区或电视里的暴力事件
> 父母没有赞美和鼓励孩子
> 频繁搬家

虽然许多这类事件在我们的社会中经常发生，例如离婚，但儿童看待它们的方式却不是无视它或视其为"正常"。

很明显，很多孩子都会经历某种程度的创伤，创伤是否会产生持续的影响取决于孩子本身的安全感、情感链接和需求被满足的程度。当孩子身处的环境充满支持、爱与关注时，当需求出现很容易被满足时，创伤经历的影响会变得最小，甚至在很多情况下，就被避免了。

布鲁斯皮尔使用了一个鲜活的例子来解释，"一个充满恐惧、情绪失控的成年人面对孩子从自行车上掉下来时给孩子传递的恐惧所带来的创伤，会比一个自信稳定的成年人安然将孩子救离火场这个事件所带来的创伤更严重。"一个事件对于孩子来说是否成为创伤事件，不是基于事件本身，而是基于照看者对于事件的反应。

2.3.3 创伤经历的影响

因此，我们得到了安迪和比利。而比利，是需要我们为其提供帮助的孩子。要了解安迪和比利，就需要了解他们的成长历史，他们的关系的本质样貌，以及他们生活的真实环境。

安迪，当经历压力状态时（高度唤醒），他的照顾者会给予他照顾、爱、情感和身体安全感。他会平静下来，因此会迅速而轻松地恢复到平静和平衡的状态。

13

研究表明,"孩子经历的情感范围越广,自我发展的情感范围就会越大"。到八岁那年,安迪有自信,并且拥有足以让他可以有效并成功参与课堂环境的可控的自我调节系统。

然而比利,就不那么幸运了。他在胎儿时期就经历着过度压力,还未出生,便被皮质醇笼罩着。他母亲破坏性的生活方式使他生活在一种持续的压力和恐惧状态中,几乎没有缓解的经验。他拥有过多的打或者逃的经历,严重缺乏平静唤醒的经验。比利只知道混乱和恐惧,这是他熟悉的。这就成了比利的现实,也是他的常态。研究继续表明,儿童期早期和长期创伤将影响个人的能力和可控制的自我调节的能力。

所以,比较比利和安迪或期望比利的行为像安迪不仅不公平,而且带有评判的意味。给予无条件的爱,是指全然、完整地接受这个人,而不带有任何期待。无条件的爱要求我们接受比利整个人,允许他此刻与众不同。回顾他的成长经历,我们知道他的反应是完全正常的。

因此,比利在课堂上的行为问题不再是行为问题,它们是创伤的表现,源于一个失调的情绪管理系统对待压力时引起的反应。他的创伤使他处于非常敏感的状态,要么反应过度要么反应迟钝(高度唤醒或低度唤醒),而没有其他选择。这是他的内在调节机制。

对于教育工作者和家长来说,如何帮助、指导和教导他平静他的神经系统本身就是个挑战。他需要能够整合他的创伤经历,以帮助他回到内在的平和与平静状态。首先,比利需要改善的是他的过度唤醒的反应水平,之后,他才能够坐在教室里,成为一个专注的、积极的学生,才能取得学业上的成功。

2.4　情绪内在调节机制的形成过程

内在调节涉及儿童在生理和心理上进行调节的能力。从生理学的角度来看,"身体要承受重担"。在压力增加时(如比利)居无定所、缺乏爱和良好教养经历的儿童,其内在调节系统不具备控制情绪调节的能力。

当婴儿出生时,他们没有一个内在系统可以满足他进行自我调节或自我安慰。当他们哭泣时,哭声吸引照顾者的注意力进而满足他们的基本需求。因为儿童的内在调节系统未发展成熟,因而照顾者的自然生理调节方式成为儿童的外部调节系统。婴儿通过受照顾者的看顾来发展他的内在调节系统。婴儿正在学习如何通过这种照顾养育关系，来维持一个稳定的可控的内部调节系统。

当一个孩子没有从照顾者那里获得基本的需求关注时，他就无法学会如何应对压力和如何从压力状态下恢复平静。当外部环境出现挑战时，这个孩子能够保持平静内在的能力就很有限。

神经科学揭示了一个事实，即婴儿与其主要看护人之间的双向互动，会不断调整和调节婴儿在环境刺激下的反应状态。这种相互作用是婴儿内在平衡感和稳定感的调节器，它创造了幼儿期的平和与安全感。一个情绪稳定、能够规律调节内在能力的看护人对孩子大脑的健康发育有着至关重要的作用。也就是说，亲子关系驱使大脑发展，如图 2.1 所示。

图 2.1　健康的亲子关系推动大脑健康发展

"依恋理论之父"约翰·鲍比（John Bowlby）用恒温器来类比孩子与看护者调节能力之间的关系。当房间变得太热时，恒温器会发送一个启动空调的信号，然后空调打开并重新调节房间的舒适度。同样，婴儿发出的信号是，他正在变得失调，他正试图"激活"父母。婴儿需要父母的照顾、关注、养育和平静的陪伴，以使其内部系统平静下来。因为他自己的内在不具备调节能力，它根本做不到自己可以控制自己平静下来。而父母作为孩子的外部调节者，是孩子的安全基地。

同样的道理也适用于年龄较大的儿童，他们没有经历过这些早期的被安抚体验；他们错过了这些平静自我的经历，也没有从关系中学会如何冷静下来；他们的内部压力系统一直处于高压状态，像比利一样，到了三年级（甚至到了中学或高中），他们的压力反应系统的新的"正常"程度远远高于同龄人。

他们的内部调节系统受到了损害，他们没有能力应对压力、痛苦或打击。这些孩子生活在一个长期的内部失调状态中，因为他们从来没有内在经验指导他们如何消化和整合压力。因此，他们的行为是他们混乱的内部世界的外在表现。

2.5　外部支持可以培养情绪调节能力

当老师对安迪说："安迪,你能安静地坐下来吗?"因为安迪具备内在调节情绪的能力,所以能够对老师的要求做出适当的反应。然而,当比利被问到同样的问题时,他的反应则大不相同。他可能绕着教室走了很长一段路,再回到座位上。他不仅会边走边说,而且还会大吵大嚷,就好像他还在操场上一样,即使坐下,他还是会继续蠕动或者扭动,无法保持安静。

以往,我们会把比利解释为捣乱的孩子,给他贴上 ADHD(Attention Deficit Hyperactivity Disorder,注意力缺陷多动障碍)的标签,并斥责他"淘气"的行为。我们没有看到的是比利无法独自安定下来,是因为他的内部系统没有这样的平和自我的能力和经历,他不知道如何做才能像他的同学安迪那样表现良好。

大脑-身体系统是一个关联运行的机器。一个缺乏内在自控能力的孩子会根据他过去的经历来理解现在。如果他过去的经历是混乱和崩溃的,缺乏情绪调节能力,他将会继续这样表现,直到学习到新的情绪调节能力。因此,当一个孩子走进一个平静而安全的教室时,仍然可能表现得像他以前所处混乱环境之中那样的混乱。

孩子可以从创伤经历中解脱出来,但从孩子身上解脱创伤却不是那么容易。过去的混乱模式现在导航他当前的世界,他无法改变。改变这些模式最有效的方法是提供安全的、有营养的、协商一致的和强大的人际关系。对于课堂上的学生来说,它来自于师生关系。所以,为了让比利在学习上取得成就,必须积极地从师生关系上入手。

这是否意味着我们应该在教室里播放摇篮曲,让比利这样的孩子安静下来呢?本质上来说,我们必须承担为孩子创造安全环境的责任,以便从他们的外部对其进行调节。一个受控制的、稳定的学习成长环境对一个内在调节体系受损的孩子来说意味着一切。

考虑到让比利和安迪来参加查克奶酪游戏。在这样设置的游戏中,他们两个会有哪些不同呢?

查克奶酪游戏是一种充满了非常大的噪声的、灯光不断闪烁的、极刺激的游戏,获胜的人会得到一个特别的玩具,孩子们会以非常消耗能量的方式乱跑。安迪会觉得非常有趣,并且可以忍受这些外部的刺激。相反地,如果比利只是用自己的内在调节系统来面对这一情况，他很快就会进入失控状态。

像比利这样的孩子在教室里也是如此。在课堂里提供充满支持的环境是帮助比利建立可控调节能力的不可忽视或弱化的责任。如果不这么做，会让比利陷入一个恶性循环，他的学业成绩会非常糟糕，而且这个结果会伴随他的一生。（为孩子们创造一个超越结果教室的更多方法详见本书第二部分——超越后果。）

2.6　承压能力窗

一个孩子的压力承受能力窗口是由他所承受压力的基线、崩溃点和使之不失控也不达到他的"崩溃临界点"的恐惧范围来定义的。每个人都有一定程度的工作压力，也就是说，会有一个完全被压垮、击溃的值，我们称之为"崩溃点"。

图 2.2 所示为安迪和比利每天的承压能力水平，我们看到安迪的承压能力基线比较低而比利的比较高。

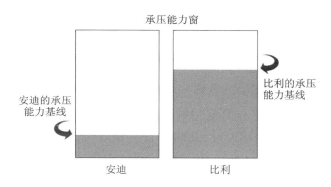

图 2.2　安迪和比利的承压能力基线

2.6.1　承压能力窗内的行为是正常的

从承压能力基线到崩溃点之间产生了承压能力窗（简称"压力窗"）。图 2.3 显示了安迪的承压能力窗比较大而比利的承压能力窗比较小。

当一个小孩有一个大的承压能力窗时，他在生活中和学校里都能表现得很好。在这个窗口内，它有在课堂上保持自我的能力，当有压力时，他有更高的忍耐度，在这种状态下，他的行为表现是正常的，他能够做到以下几个方面：

➢ 自我控制；

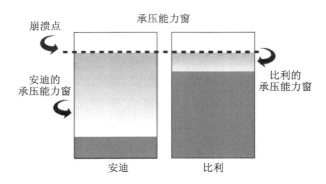

图 2.3　安迪和比利的承压能力窗

> 具备短时记忆；

> 情绪控制；

> 专注；

> 发起任务；

> 有规划组织能力；

> 有时间意识；

> 具备灵活性；

> 有道德判断（能辨别对错）；

> 逻辑思维和顺序思维（如果发生 A 则 B 将接续发生）；

> 人际交往技巧（同别人交往的能力）。

这样就解释了，安迪为什么能记住把作业带回家，整理好书包，当同学偷了他的铅笔时他所展现的自制力，以及能够有意识地帮助老师。安迪有一扇比比利的大得多的承压能力窗，这给了他很大的情感空间和情感上的灵活性，这使他可以轻松灵活地度过他的学习生涯。

比利有一扇很小的承压能力窗。他日常的状态距离他的崩溃点很近。他不太有耐心、易冲动、集中精力困难，他不明白他为什么不能出去参加课间活动，虽然老师之前已经提醒过他三次，如果他表现不好，就会错过玩的时间。他表现得心不在焉，因为他压力太大，无法清晰理性地思考。他生活在一个内心混乱、恐惧和求生存的深层次情绪世界里。他的情绪调节能力非常弱，但同时还需要消耗巨大的精力在日常的学习中。他的承压能力窗比安迪的小得多，而这不允许他的情绪发生波动，所以，在学习中，他会花费大量的精力来引导自己回到正常的状态。

2.6.2 改变承压能力窗的大小是可能的

当一个孩子被安放在一个能让他保持在承压能力窗之内而不达到崩溃点的环境中时,他就有机会扩大他的承压能力窗。通过与老师建立安全的情感、培养稳定的关系,他的神经系统就会有机会安定下来。新的神经通路可以被创造出来,使他偏离正常行为的旧的行为模式也可以被改写。

神经科学显示,神经系统的神经可塑性可以为改变和治愈提供答案。"可塑性"是指身体有能力增加和移除连接,甚至到了成年阶段,依旧具备这样的能力。童年是大脑最具可塑性的时期。当孩子被安放在正常的环境中时,也就是当他的需要被满足时,当他的生活中有被允许、被信任和被理解的关系时,当他有机会重复过去消极的经历却获得了积极的体验时,创伤就会发生深刻的变化,创伤引发的消极感受就有机会被治愈。

图 2.4 说明了像比利这样的学生可能达到的康复水平。每一次积极的经历都会让比利的承压能力窗扩大,每一次都会让新的方式得以发展,新的联系得以巩固。虽然愈合过程并不总是像描述的那样线性,但在一段时间内(有时短至两周,长至六个月),比利处理压力的能力将显著提高。

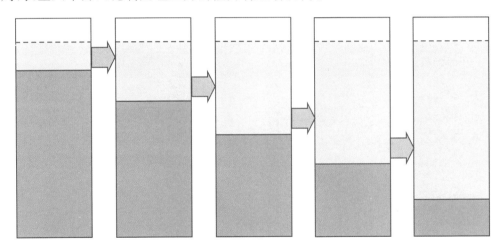

图 2.4 比利承压能力窗的扩大

不幸的是,对于许多孩子来说,他们的承压能力窗在学习中逐年减小,而不是扩大。学校的压力一年四季都在增加,尤其是在每学年的期末考试前后的几周内,因为这些考试决定孩子是否能够升到下一个年级。

即使像安迪这样在新学年开始时有一个很大的承压能力窗的学生,也经常表现出窗口缩小的迹象,并且越来越接近他们的临界崩溃点。孩子们在学习中需要承受的压力往往远远超出了他们的神经系统所能承受的范围。保持这种高度的压力会降低他们的自我调节能力和学习能力。

过去,我们没有意识到,如果孩子的情感需求得不到满足,学习就会受到限制。如第一章所述,学习的层次结构过去并未得到承认。像比利这样的孩子,如果生活在求生存的边缘——生活在崩溃点的边缘,就无法正常学习。创伤改变了大脑的注意力模式,因此比利的所有资源都用于寻求安全,而不是学业成就。

我们与其要求孩子们在他的"行为"中做出更好的选择,还不如花些时间问问自己,如何能够给他们创造一个更好的环境。我们必须建立更牢固的关系,增加他们的承压能力,从而提高他们的学习、成长和成功的能力,如图 2.5 所示。

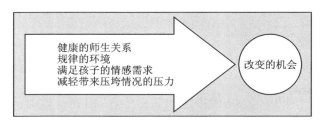

图 2.5　改变的必要元素

第三章　大脑结构与情绪调节

"I felt a funeral in my brain."

"我觉得自己的大脑里有一个葬礼。"

——艾米莉·狄金森（Emily Dickinson）

译者：本章原文章题直译为"学习解剖学"，结合本章节的内容，将章题翻译为"大脑结构与情绪调节"。

20 世纪 90 年代被美国国会定为"大脑的十年"。然而，在这个大脑研究发现的时代过去整整 10 年之后，我们的学校看起来与 20 世纪 50 年代的学校仍然非常相似。

神经科学给了我们大量关于神经回路可塑性和重新布线能力的新理解。神经成像技术使我们能够看到大脑的哪些区域在休息时被激活，而不是在唤醒和恐惧时被激活。此外，我们还了解到人脑对社会刺激异常敏感。然而，这些历史性的进步都没有改变我们在课堂上对待捣乱孩子的方式。

比利需要我们了解他的大脑，因为他和安迪一样应该受到有效的教育。大脑对于帮助比利至关重要，因为大脑是改变历程的一部分。

3.1　人类大脑的组成及其作用

人脑基本上有三个部分：大脑皮质、边缘系统和爬行动物脑（见图 3.1）。虽然这三个部分协同工作，但每个部分都有其独特的功能和复杂性。

3.1.1　大脑皮质

大脑皮质也被称为理性大脑，是大脑的外层，它将人类与动物王国中的其他动物区分开来。它是大脑最大的区域，约占大脑总质量的三分之二。它涉及人类存在的高级功能，如空间推理、意识思维、自我意识、想象、逻辑、计划、推理、高阶思维、语言和抽象思维。它是先见之明、后见之明和洞察力的中心。它还涉及

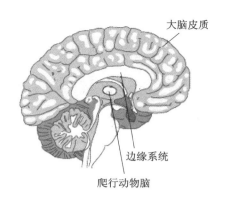

图 3.1　组成大脑的三个部分

执行控制、延迟满足和长期规划,这些都是课堂上"好"学生的重要特征。这是大脑的一部分,道德和伦理与对错的决策判断一起存在。大脑皮层是灵活的、可塑的,具有无限学习的能力。

3.1.2　边缘系统

医学博士保罗·麦克莱恩(Paul MacLean)首先创造了"边缘系统"这个名字。大脑的这一部分包括杏仁核、下丘脑和海马。边缘系统的结构调节情绪、记忆、注意力和激素控制。它是大脑的主要情感中心,是我们感觉和对我们感觉良好的中心。它是大脑中寻求快乐的部分。它记录了产生愉快和不愉快经历的行为和经历的记忆。边缘系统还与自我保护、恐惧和与防御有关的保护性反应有关,如战斗或逃跑。与依恋感觉和与关系有关的情绪都存在于边缘系统。大脑的这一区域控制着生命中接下来的 15 秒的生存状态,让我们能够时时维持生存的状态。

3.1.3　爬行动物脑

大脑最古老、最原始的部分是爬行动物脑。大脑的这一部分包括脑干和小脑。重要的生命功能,如心率、消化、体温、平衡、循环、呼吸、应激反应、社会支配和生殖,都受控于大脑的这个较低区域。爬行动物的大脑主要与自我保护有关,因此它是刚性的、不易改变的和强迫性的。

与边缘系统一样,人在接下来的 15 秒内的反应行为等一系列生命特征在大脑的这一区域发生,且具有更强烈的表现。在这里没有未来,没有明天,也没有下周。人们相信,诸如强迫症、创伤后应激障碍和惊恐障碍等心理健康问题都起源于大脑的这一区域。大脑的这一部分随时准备做出反应,即使是在深度睡眠中。

3.1.4 谁在掌控大脑

正常情况下,大脑皮层负责控制边缘系统和爬行动物脑。它对大脑下面两部分的生存冲动实施自上而下的控制(见图3.2)。这就是让我们有能力在人类社区中共同生活,并以一种友好的、具有同情心的和相互理解的方式,进行人与人之间的交流。

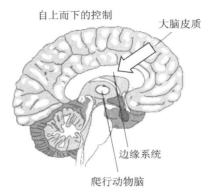

图 3.2 有调节能力的大脑通过"自上而下的控制"系统运作

我们可能会从边缘系统感受到愤怒和沮丧的冲动,但当大脑皮层在"掌控"时,我们会做出一些决定,比如理性地与某人交谈,或者理智地去处理一些事情。就好像在高速公路上开车,有人在我们前面停车,我们可能会想对他们大声尖叫或竖手指,但不会勃然大怒,而是能够基于什么是正确的以及我们的道德和伦理如何引导我们来压制这些想法。我们能够预见我们的未来行动的后果,这样就可以做出对我们身边的人来说一个最好的决定,而不仅仅是考虑自己。

然而,当一个孩子处于生存状态时,这种自上而下的控制就失效了,边缘系统在引导行为方面的能力比大脑皮层更强大。从这个角度上讲,它无关道德、人格或选择,这是他在本能、情感和生存层面上的反应。

这是一个需要被理解的极其重要的概念,因为它解释了为什么传统的行为策略,如积分奖励表和放学后留校留堂(处罚学生),不适用于比利了。当比利使用自下而上的控制系统工作时,"对"和"错"对比利的行为没有影响(见图3.3)。当比利感觉到此刻的冲动、欲望或需要时,他会满足自己,不管未来的后果如何。

边缘系统或爬行动物脑不具备预见后果的功能。在这里,需要特别强调的是,生命只存在于接下来的15秒内。在一天结束时被留校留堂(处罚学生)的威胁对比利那个"15秒"的当下没有任何影响,因为在这种思维框架下,没有一日学习结束的概念,同样,小红花贴纸奖励他也产生不了任何影响。事实上,比利

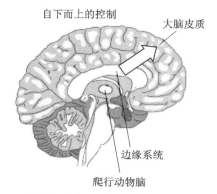

图 3.3 失调的大脑以"自下而上的控制"系统运作

可能更倾向于撕下那些贴纸,而不是把它们放在对他来说毫无意义的积分表上。

想想我们自己的经历,就会更容易理解这一点。当你做出健康饮食和减肥的承诺时,在你感到饥饿和压力时发生了什么?很可能发生的是你没有抓到甘蓝,但是你找到了巧克力,而且吃了很多巧克力,尽管你更清楚地知道自己承诺过不吃它们。你知道吃巧克力与你的承诺背道而驰,但在那一刻,你所能想到的只是吃巧克力,体重增加的后果却被忽视了,诸如这些后果之类的影响在那一刻都不重要。在那一刻,你只想要巧克力,于是你吃了巧克力!你的大脑处于寻求快乐的"感觉良好"区域,此时大脑皮层被关闭,无法控制你做出正确的决定。我们是周期性地有这样的时刻,但比利是长期处于这种状态。

需要解决的根本问题是如何将比利的系统从高度恐惧和压力状态恢复到平静和平衡状态。与其用基于恐惧的方法或不被其边缘系统理解的基于逻辑的方法来解决比利的行为问题,不如关注如何提升比利调节自己,使自己能够恢复到平静状态的能力。本书第二部分详细解释的创建课堂环境的方法,就是以满足比利返回到自上而下控制的需要为目的的。关于大脑的一幅漫画见图 3.4。

注:每隔一段时间,他就会跳起解释性的舞蹈,这样他的右脑就不会萎缩。

图 3.4 斯科特·马斯尔的漫画(经 CartonStock 许可转载)

3.1.5　左脑和右脑

大脑皮层分为左脑和右脑。左脑和右脑都有自己独特的职责,其思维方式不同,关心的事情不同,优先级也不同。

左脑是我们的意识处理器,右脑是我们的潜意识处理器,其功能与左脑截然不同,如表3.1所列。

表3.1　左脑和右脑的功能

左　脑	右　脑
语言	非语言——图画和影像
分析思考	直觉和想象
逻辑和推理	随机处理
数学和计算	空间能力
客观	主观
因果思考	对一切刺激做出反应
自我功能和自我意识	辨识脸和依赖能力(attachment oriented)
直线型思考	象征性思维
科学	音乐和艺术
专注于现实	幻想思维

左脑和右脑之间的差异将影响孩子们在课堂上的学习方式。许多研究表明,根据孩子们的主导大脑进行教学是很重要的。教育工作者和家长应意识到这个发现对孩子们的重要性,也就是安迪们和比利们。

为了帮助比利改变在课堂上的行为,考虑左脑和右脑之间的另一个显著特征是至关重要的。研究表明,恐惧的情绪是在右脑的潜意识水平上产生的,而创伤完全与恐惧有关。对于比利来说,当他过去发生的经历所带来的负面感受没有被处理和理解时,这些情感和创伤经历的记忆会一直停留在无意识的潜意识层面里。

右脑本质上是大脑的"红色电话",当受到压力和疼痛的挑战时,它会以自我保护的方式发挥作用。当相似记忆(与过去的事件和感觉相关的当前事件和感觉)触发时,右脑在此时此刻的感受层面的反应能力占据了主导地位。之后,左脑才会发挥作用,以一种更慢、更有条理和更具分析性的方式来启动。

右脑与身体有直接联系,如图3.5所示。换句话说,比利没有机会去"表现自己的行为"。他的系统与自我保护的身体反应是自动控制连接的。在未经培训的人来看,这种反应方式可能是"不好的行为"体现,而实际上,根据比利的内在反应模式规律,这仅仅是他的正常反应。

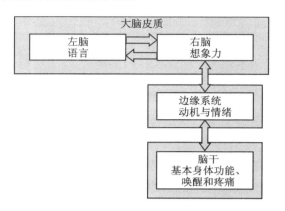

图 3.5 右脑与脑干之间的直接联系

3.2 行为问题来源于情绪失控

解决比利内在深层次冲突的关键在于如何能够在情绪和关系层面上支持比利,给予比利内在力量,这些力量在比利的内在产生作用,而不仅仅是使用语言、赋予任务、奖励小红花或者贴纸图表来奖励他。传统的惩罚或者纪律规则侧重于通过左脑来理解语言和认知思维,并通过改变行为方式的途径来实现。这些传统方法对比利无效,因为他的问题不在大脑的这个区域。比利的问题存在于边缘系统。因此,我们必须努力在边缘系统这个层面上对比利进行工作调节和支持,以便帮助他提升语言和认知思维的能力。图 3.6 形象地描述了这个概念。

在生命的头两年,大脑的生长速度很快。据估计,婴儿大脑每秒形成 40 000 个新突触。这种生长和成熟依赖于看护者和孩子之间从右脑到右脑的交流互动。右脑在所有孩子出生后的头两年中占主导地位,能够充分接受看护人的这些非言语(视觉、触觉)和言语的交流,并与之互动。

研究表明,儿童和看护人之间在这些起始岁月中的规律的交流互动对于大脑突触连接的正常发育和功能性大脑回路的建立至关重要。依恋关系是孩童阶段大脑的主要力量源泉,因为它是能够帮助婴儿调节情绪和压力状态的能力来源。

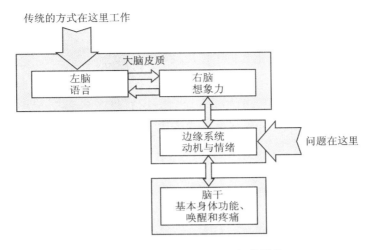

图 3.6 传统方法与问题之间的脱节

有看护者提供情感支持的关系,会使孩子有机会发展健康和具备调节控制能力的内在系统。一个提供情感支持的看护者提供了一种社交上的互动激励和奖励。这种依恋交流是动态的、多感官的(听觉、言语、触觉和视觉,包括面部表情),并且是相互增进情感的。

基于关系的良好互动将会持续驱动儿童在小学以后乃至整个人生的成长。婴儿期有趣的和安全的社会性互动为其后来的沟通、理解和阅读提供了基础和保障。儿童社交神经网络的建立需要在整个童年时期有联系和关系的环境中进行,以确保它可以健康发展到成年阶段。然而,当儿童的早期生活经历激活了其恐惧反应系统时,他会形成一个消极和无助的限制型思维模式,而不是由积极和乐观组织起来的成长型思维模式。看护人的恐惧、失落、遗弃、恐怖、痛苦、愤怒和冷漠等行为态度,会造成孩子神经通路的畸形,给孩子的成长带来消极影响。同时,童年时期巨大的压力会使孩子的承压能力和调节情绪的能力受到限制。

如前所述,儿童具有弹性和可塑性,这意味着儿童的神经系统和神经通路具有可塑性,它具有改变、适应、创造新的神经通路的能力。伤害是在恐惧的情绪状态和痛苦的养育关系中产生的,因此,我们有理由相信修复和治愈可以发生在安全有爱的关系和积极的情感状态中。

修复互动交流的方式,即使是简单的安全关系,都是对比利有积极作用的。为了让比利回到课堂的行为标准内,他需要的最重要、最有效的"行为技巧"是人际关系。过分强调使用什么样的行为规范,或者施加什么样的惩罚来改变比利的行为,是没有效果的。个人教育项目(Individual Educational Program,IEP)是一个与人类关系相去甚远的规定措施,这些措施无法帮助比利。

通常,当一些措施被应用并发挥作用时,我们就会认为这项措施本身是有效果的。然而,当我们深思熟虑之后,就会怀疑:"到底是措施有效还是因为关系带来的影响?"根据目前提供的所有信息,我们不应将这个效果归功于措施。相反,关系才是孩子经验的核心,措施只有在关系之上才能产生作用(见图3.7)。而正是关系,来自于右脑到右脑的交流才是孩子行为改变背后的真实的驱动力,是可以帮助孩子回到正轨的关键所在。

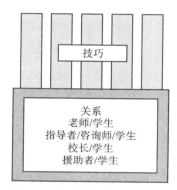

图3.7 关系是措施有效的基础

3.3 压力反应通过身体来表现

身体也是本章重点讨论的内容之一,因为它是理解比利学习能力的关键,是推动孩子行为的强大力量依靠。与动物王国中的所有动物一样,当察觉到生存危险时,人类也会经历一种打或者逃的生理反应。即使是在普通的校园环境里,由于比利长期体验的是受到威胁的感觉,他的身体反应通常也在求生存的状态下。

虽然这种反应起源于边缘系统,但它是由遵循"大脑指令"的身体来完成的。边缘系统释放激素,为身体准备好采取防御行动。通过肾上腺释放肾上腺素和去甲肾上腺素,为身体进行战斗或逃跑做好准备。此时人的心率开始加快,呼吸进更多的氧气,将充足的血液输送到肌肉中即将开始激烈运动,身体也积蓄了充足的力量准备好飞奔而逃。身体的防御系统都被激发起来,调节至警戒状态,随时准备好保护自己。在这种状态下,边缘系统会迅速决定是战斗还是逃跑。如果确定有足够的空间和时间给予比利,则比利会选择飞速逃跑;相反,如果确定没有足够的时间或空间逃跑,因为已经积蓄了足够的力量防守,比利将会进入战斗模式。

边缘系统还有第三种反应:冻结反应。当边缘系统意识到此刻没有足够的时间、力量和空间,并意识到死亡随时有可能发生时,身体就会被冻结。这是一种完全无助的状态,但它制造了一种与身体分离的状态来增加内啡肽的释放,以便减轻由捕食者攻击所带来的疼痛状态。这是一种有价值的生存状态,因为它降低了死亡的概率。如果身体变得软弱无力,没有生命,捕食者(对猎物的移动做出反应)很可能会失去兴趣(就像猫不再攻击没有生命的老鼠一样),而不去理会猎物。

关于这三种反应最重要的是,它们都是自动的,它们并不是经大脑皮层的思考后决定的。这无关比利"做出更好的选择"或"选择做不同的事情",兴奋性神经递质和激素助长了这些消极的行为反应模式。解决办法无法通过改变后果来激发行为层面上的更多变化,这些都会被比利视为更大的威胁。解决办法在于使大脑平静下来,让其在身体层面上回到平静和安全的状态,从而让比利整个人平静下来。

以下故事改编自当地报纸报道的真实事件。它清晰地显示了一个小学生如何进入了战斗或逃跑的生存反应中,并在战斗和逃跑模式之间来回切换。

一个八岁小孩在暴力袭击后被逮捕

周二,一个八岁的学生在他的小学校被戴上了手铐。官员们说,他袭击了他的老师、一名校长和一名警官。

报告显示,当老师告诉他不许和同学一起去操场休息时,这个学生变得很不高兴。报告没有提到该学生受到惩罚的原因。

于是那个学生生气了,他试图跑出教室。他的老师拦住了他,那时,学生开始扔椅子,掀翻桌子。

随后,这位老师请求帮助,当学校工作人员进来控制这个学生时,他开始用头撞他的老师,并踢校长。他的暴力行为不断升级,并威胁要咬人。

警察来了,当他们到达时,学生试图打开窗户逃跑。警察把那个学生拉了回来,结果被踢了一脚。

这些努力均未能使学生平静下来。警方没有透露这个学生是否有前科。

这里就是我们的"比利"的行为反应过程,他从一个愤怒的状态到被警察逮捕并送出学校。通过分解所发生的事件链(见表 3.2),可以清楚地看出学生与教师、员工和警察之间的互动是如何促成这种升级的。

表 3.2 八岁儿童行为反应的解释

故事中的事件链	解释说明
报告显示,当老师告诉他不许和同学一起去操场休息时,这个学生变得很不高兴。报告没有提到该学生受到惩罚的原因	比利因为不被允许和其他孩子一起外出而感到不安。这一结果对老师来说是合理的,然而对于八岁的比利来说,他会感到沮丧,这也是合理的。比利想要变得"合群",想成为和同学一样的"正常人"。因而,比利面对这个结果时,他的创伤历史会勾起他深深的恐惧
那个学生生气了,试图跑出教室。他的老师拦住了他,正在那个时候,这个学生开始扔椅子,掀翻桌子	在他激动和愤怒的状态下,比利是依靠他的边缘系统运作的,因此无法理解"如果你表现不好,你就不能出去休息"的逻辑。老师很可能没有从情感层面与比利连接和沟通,而是以逻辑和理性的方式解释这个惩罚和结果。比利认为老师的逻辑讨论本身就是一种威胁,因为他无法理解她在说什么,他就会认为现在的情况很不安全。他的身体就会做出反应,只要 1 毫秒,他的生理和身体就做好了防御准备。他进入逃跑模式并试图离开。但是,当他被拦住时,空间的紧张促使他按照战斗/逃跑顺序切换到了战斗模式
然后,老师请求帮助,当学校工作人员进来控制学生时,他开始用头撞老师,并踢校长。他的暴力行为不断升级,并威胁要咬人	学校工作人员进入房间是为了控制住比利,而不是帮助比利进行调节。被控制是生存模式下对儿童的巨大威胁。比利本来只是情绪不安,由他的边缘系统掌控着,之后随着威胁不断升级,他的爬行动物脑脑管了他,于是大脑准备启动身体的应激反应来保护他的生命。他开始表现出于本能的踢和咬,就像一只受到攻击的动物一样,在神经递质的推动下,不断向下战斗,处于依靠战斗模式来求得生存的状态
警察来了,当他们到达时,那个学生试图打开窗户逃跑。警察把他拉了回来,结果被踢了一脚	从比利的角度来看,威胁程度不断升级。他又切换到逃跑模式,并试图再次逃离,以确保自己的生存安全。警察为了比利的安全做了正确的事情,即把他拉回到大楼里。然而比利的大脑会认为这种身体接触是威胁,而不是帮助。现在,对于比利来说,空间不具备逃跑的可能性,他再次切换到战斗模式。被逮捕和"陷入麻烦"的法律对比利来说已经不重要了,因为这是自下而上的控制系统掌控的,此时的大脑皮层已经无法处理这种逻辑和推理了
这些努力均未能使那个学生平静下来	比利的问题是,"为了让他冷静下来,我们到底做了什么?"事实上,这些互动并没有降低比利的恐惧程度;相反,这些互动是基于试图控制比利的行为的
警方没有透露那个学生是否有前科记录	创伤很少被视为导致此类事件的原因之一,但实际上它确实是。这个案例明显是由一段求生存的经历所引起的典型的战斗/逃跑模式的过程

就在比利因为不被允许与其他学生外出而受到惩罚的那一刻,这整件事本来是可以避免的。那一刻可能发生的事情是,老师提醒比利为什么他会受到惩罚,或者为什么他必须接受她的决定作为最终决定。而此时,老师本可以在比利的边缘大脑中与他从情绪上进行连接。借助她与比利的关系的力量,她可能联想到,他可能会有害怕与其他孩子不在一起以及害怕自己成为"坏"孩子之类的想法。为了给比利提供帮助和支持,可以展开这样的对话:

老师:"比利,我知道这很难,但是因为之前发生的事情,你今天不能出去休息了。"

比利:"但那不公平!"

老师:"我知道。这对你不好。"

比利:"但这不是我的错!"

老师:"我们为什么不坐在这里多谈谈,这样我就能更好地理解你的观点了。"

然后,老师可以花十分钟时间与比利一对一地交谈,让比利自己说话表达,让他感觉到与老师之间的联系和被理解的感觉。这是一个与老师的单独"时间",可以用来帮助调节比利的情绪系统,帮助他回到"自上而下"的控制状态。结果仍然是:剥夺了比利的休息时刻。实际上,十分钟就可能足以阻止他一路向下进入生存状态。但是,对于一个要求如此之多的老师来说,花十分钟似乎是不可能的,于是引发了一场由另一种选择所带来的战争,那就是不要花十分钟,而是花更多员工、校长和警察的时间和精力。

此外,与比利这种情感上的交流对话是给比利一种体验,让他感受到处于一种积极的、相互关联的关系中。他越是更多地经历这种类型的互动,就越有能力独自应对未来的压力,因此就越有能力学习和取得学业成就。

第四章　比利成长过程中的缺陷

The path of development is a journey of discovery that is dear only in retrospect，and it's rarely a straight line.

回顾成长的历程，我们会发现这条道路是一场关于发现的旅行，很少是一条笔直的路线。

——艾琳·肯尼迪·摩尔（Eileen Kennedy-Moore）

译者：本章原文章题直译为"发展缺陷"，结合本章节的内容，将章题翻译为"比利成长过程中的缺陷"。

2005 年，婴儿互动产品的收入达到 4 亿美元。这些产品有望促进孩子的身体、社会、情感和学业发展，家长们为了让他们的孩子比隔壁的孩子有更多优势，都将这些产品收入囊中。这些产品与依恋关系对婴儿在子宫中的早期和儿童早期发育的影响相比显得微不足道。大脑正在经历重大的结构上的发展，其成熟发展依赖于父母与孩子的互动，而不是视频产品与孩子的互动。

健康的成长与孩子和看护者之间亲密和谐的关系直接相关。那是一种情绪神经产生的化学效应，通过这些相互作用刺激和调节儿童的发育成长进程。因此，一张 30 分钟的婴儿 DVD 对于创造一个聪明的孩子，远不如为其创造一个能永久影响他成长发育中的大脑和神经系统的养育和情感丰富的环境有效。

当这种依恋关系不存在时，孩子的成长通常是妥协和混乱的。他可能在某些领域存在差距，但在其他领域却发展过度。因此，孩子在进入教室之前的早年生活直接关系到他在教室中发挥作用的能力，影响他们的学业成绩。

早期生活经历的影响可以在六个成长领域中显现出来：① 认知；② 语言；③ 学术；④ 社会；⑤ 身体和心理；⑥ 情绪。这些成长领域的优势（或劣势）将影响孩子学习的流畅性和学习的迁移能力，以及他接受正规教育的能力。其中任何一个方面的差距都可能给孩子带来挑战，并通常表现为行为问题。

很多时候，比利在上学的头几年能够维持自己的学习生活，但当他在学业上受到更多挑战时，这些成长发育的缺陷就会浮出水面。一个学生一旦表现出这些缺陷，曾被认为是"好"学生的学生一夜之间将会变成一个"问题"学生，成绩也会严重下滑。

大多数学校只注重学业。学生们被期望适应一种学术模式,学校并不在意他们成长中的反常经历。他们的这段经历很少被人了解。传统的学术环境适合安迪这样的孩子,他适合这个模式。如图4.1所示,安迪在大部分(如果不是全部)领域都处于发展轨道上,只有几次轻微的学业成绩的波动。

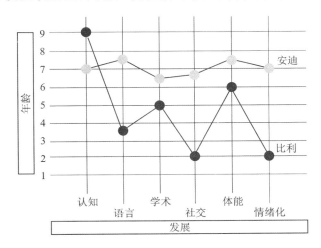

图 4.1　安迪和比利七岁时的发育比较

问题是比利不适合这种模式。他的成长趋势和获得相应阶段成绩的能力是不稳定的。他缺乏一些成长的必备技能以及可以让他轻松向前的稳定情感基础。从成长的角度来看,他的表现非常不稳定。图4.1显示了比利由于其创伤史每天给他的学校生活带来的混乱影响。

4.1　认知能力的发展

对儿童认知发展的经典理解来自让·皮亚杰的研究工作。皮亚杰理解儿童的思维方式与成人不同。他提出了一个观点,即儿童必须成熟或长大,才能充分了解周围的世界。他认为,在孩子们达到一定的心理成熟度之前,不能指望他们完成某些任务。

皮亚杰指出,儿童的发展是分阶段的,一个阶段的成功取决于对前一阶段的掌握。换句话说,孩子必须完成第一阶段的学习才能进入下一个阶段。如果要建造一座13层的建筑,则要等到前四层建成之后,第五层才能建造(见图4.2)。

然而,很多时候,当比利的前四层还未开发时,我们却期望他从第五层开始。在他的发育成长过程中,他需要更加坚实的基础才能前进。

图 4.2　发展的进程取决于以前的发展阶段

认知能力是指儿童感知、思考和理解世界的方式。认知能力使孩子能够处理他收集和接触到的信息,以便于其理解它们。这些能力包括能够分析、评估、留存信息、回忆经历、做比较以及决策所需的行动。大多数认知技能都是通过学习获得的,当孩子们的学习过程存在中断的时候,就会产生认知的断层,导致认知不足或者缺陷。

对于许多像比利这样的孩子来说,他们的认知能力发展在某些方面可能比同年龄的典型孩子要发达得多。老师们经常表示他们这样的孩子"比天才孩子更有天赋"。创伤可以增强孩子认知能力的"深度",因为孩子为了保护自己而对外在世界时刻保持唤醒。就像生存哲学所揭示的:"如果我能发展出更大的能力去理解这个世界,那么我就能避免很多的伤害和痛苦,从而使自己远离危险。"比利的大脑在某些方面比安迪的大脑更能理解、分析和评估概念。精神病学博士罗纳德·费德里奇,一位国际知名的神经心理学家,专门评估过像比利这样的孩子,他称这些能力为"才华横溢的口袋"。这些孩子可能在某些方面表现出色,但实际上他们仍然缺乏一些关键的认知基础。

因为认知能力某些方向的发展是由生存恐惧驱动的,所以世界上的比利们会更善于具体思维的发展。对于比利们来说,生或死等同于黑或白,因为黑或白对他们而言创造的是安全。而中间的灰色区域不能提供可确定性,只能提供不确定性,因此比利们不允许中间地段的出现,因而抽象想象能力得不到发展。对于比利们而言,他们的抽象思维的能力会受到损害。

比利倾向于要求得到明确的答案,却无法理解可能存在不止一个答案。如果只有一个答案,那就是安全的。如果有多个答案,那么确定性就会降低,因此比利可能也无法超越表面上的概念。让比利读一段话,他就能理解书中明确的所有内容。然而,如果让他描述一个隐含的概念,比如"这一段的主要思想是什么?",他会感到困惑和迷茫,甚至在阅读这一段时,他看起来都像在撒谎。

4.2　表达能力的差别

语言有助于形成孩子的思想和心理过程。语言发展使孩子能够组织语言、代表自己,并向他人表达自己。

研究表明,语言的发展始于出生之前。胎儿在子宫内熟悉母亲的声音和说话模式。然后,这种语言学习会在孩子和他的看护人之间进行一对一的互动。这些互动不仅发展了孩子说话的能力,而且还发展和扩大了他对语言和人的复杂性的理解。

与父母和其他成年人的社交互动对孩子的语言发展至关重要,因为他们都很爱孩子,并对孩子的问题和对话做出回应。孩子们需要大人花时间听、说、读、唱,和他们一起玩游戏。决定孩子沟通和处理能力的不仅仅是学会能够区分"狗"和"猫"的语言,它还来自于参与社会层面的互动交流体验。语言的发展是在安全、可靠和有连接的关系中进行的。

当比较安迪和比利时,首先可能会发现他们在语言技能上是相等的,他们都能认识和识别物体,他们都会拼写基本单词,他们都说同样的语言,水平大致相同。然而,比利通过语言准确理解世界的能力与安迪是不同的。因为词与词的含义被混淆,由此产生的模糊沟通会带来混乱和误解,很多单词和短语背后的预期含义会被丢失,具有多重含义的词语也会让比利产生困惑和恼火,如以下场景:

有一次,当我们和一个九岁的"比利"一起工作时,我们休息了一下,我在电脑上查看电子邮件。他看着我,问我在做什么。我回答说:"我在用我的电脑工作。"他困惑地看了我一眼,我试图理解他的困惑,问他:"你从来没有用过电脑吗?"比利回答说:"没有。"我们都坐在那里困惑了一会儿。我默默地想:"他九岁了,以前肯定使用过电脑!"比利接着说,"嗯,我以前在电脑上玩过。""当然!"我想。在他看来,成年人在电脑上"工作",孩子在电脑上"玩耍"。在他的黑白世界里,"工作"和"游戏"是两种截然不同、毫不相关的活动。

由于语言发展方面的缺陷,比利很容易误解老师的指示,在尝试交流时感到沮丧,并且由于缺乏语言的学习能力,在听故事时,他会错过主要概念。当他无法理解周围的世界时,比利表现得很沮丧。而老师也无法理解他,将他的行为视为蔑视,然后斥责他。随着这种情况一天又一天的发生,比利的思维变得更加混乱,因为一直以来,他都没有真正理解自己做错了什么。

语言缺陷带来的最大后果是,比利从这个场景中得出结论,他是坏的、愚蠢的、不值得的,所有这些都是因为他没有真正"理解"教室里发生的事情。所有这一切都是因为他在与看护人相处的早期错过了关键的语言体验,而这些都不是他的错。比利只是一个孩子,他在生命早期并没有得到成为安迪所需要的东西。

4.3　学习能力的限制

要想在课堂上取得成功,孩子需要有很强的学习能力。作为一个"好学生"的学习能力和品质包括积极的态度、自律、良好的组织能力、专注和专注的能力,以及在困难问题中坚持不懈的意愿。

当孩子们花时间在课堂上时,他们的学习技能通常会提高。他们将学习如何更有效地学习,更好地记笔记,更好地参加考试。到了高中,像安迪这样的孩子,在他们的学业生涯中已经有了足够的积极经验,他们很快就准备好上大学了。

创伤会影响儿童关注、理解和处理信息的能力。因此,到了 16 岁,比利可能仍然无法把他的背包整理好,他可能不具备记笔记的技能,他可能没有能力计划一个为期四周的项目的时间安排。从二年级开始,他对学校的挫折感就不断增加,到现在为止,他讨厌学习,对他认为是"繁忙的工作"没有任何容忍性。在他此时的学业生涯中,比利就被视为是课堂上的问题学生。

然而,真正的问题是,他从未得到他需要的额外帮助来克服自身的局限性。人们只是希望他能像安迪一样,自己迎头赶上。然而,这一期望超出了他的能力范围。但是,改善仍有可能。比利需要一位有意愿的老师或成年人来帮助、指导和支持他。对比利进行一对一的帮扶,即使是在他学业生涯的后期,也能让他走向成功,下一个例子就是证明。

八年级的比利考试经常不及格。问题不在于他对学习资料本身的理解程度,而是他缺乏组织这些材料的能力。他无法保管好他的物品并记录六节课的各种作业。他的父母给他转学,把他转到了一所注重培养整理和收纳能力的学校,这所学校使用各种组织工具来提升学生的整理收纳能力。在新学年开始时,返回学校的资料列表中包含了文件夹的数量和颜色、索引选项卡的数量和颜色、高亮标注的数量和颜色等。学校正在通过这些组织工具来教学生如何安排作业资料以降低学生的压力水平。比利也有一个指导顾问每周几天一对一地与他一起工作学习,帮助他保持物品资料井然有序。这一额外的支持让比利在那一年充分发挥了他的学习能力,并帮助他学会了如何打破组织资料时所带来的沮丧和难以承受的恶性循环。

4.4 社交技能的影响

社会交往是指儿童与其他儿童和成人互动的能力。他从出生时就开始将其作为一种生存方式。如前所述,婴儿没有能力养活自己或保护自己,因此必须完全依靠自己的能力来吸引看护人的注意。在这些早期的亲子互动中,是父母给予关注和照顾孩子,而这些孩子无法回报。孩子学会超越自己的需要,更加平等地与他人连接,并与他人相互回应回报的过程就是社会交往的发展过程。

孩子一旦进入学校,学校就会默认他具备与老师和同龄人适当相处所需的社交技能。然而,对于像比利这样的孩子来说,他们在某些成长能力上可能会存在缺陷。健康的亲子关系对儿童发展适当的社交技能至关重要。

由于童年时期的创伤经历,像比利这样的孩子可能更像一个蹒跚学步的孩子(在某些情况下,孩子的社交能力成长受到阻碍后,他可能会像婴儿一样对外在有强烈的需求)。这些孩子的互动是基于自我为中心的,通常缺乏社交技能。这种现象不仅存在于年幼的孩子中,也存在于许多进入高中的青少年群体中。这些年龄较大的孩子从来没有体验过适当的指导和陪伴其度过蹒跚学步的幼儿时期的积极有效的经历,以至于他们的成长被限制在消极的向下的螺旋变化中。当外界教师或者社会期望其依靠自身力量发生变化和改变的时候,实际上他们是力不从心的,于是便被卡住了。这些孩子不知道如何:

> 交朋友;

> 对他人表示同情;

> 耐心等待;

> 以健康的方式表达愤怒;

> 和平地解决冲突;

> 遵守规则;

> 保持适当的个人空间;

> 友善地对待受到伤害的人;

> 享受他人的陪伴;

> 保持目光接触;

> 正确地表达自己的情感;

> 感知非言语的交流;

> 容忍人际关系的起伏。

教室是一个社会交流技能要求很高的环境。对于比利来说,课堂是一个重大挑战,因为他没有能力在积极的社交互动中把握细微差别,而这反过来又会影响他的表现和学习能力。

对安迪来说,社交技能是自然而然的。他早期的人际关系让他有了超越自我中心和对他人苛求的经历。当他进入教室时,他是一个和蔼可亲、互动的人,并且对他人很有吸引力。

老师和同龄人都偏向喜欢与安迪交往,而对待比利则是另外一种态度,他的行为实际上会让大家很反感,并促使人们远离他。要理解这种不恰当的社交行为,需要人们超越简单的不良行为来看待。如果比利的差距得到承认并给予适当的支持(例如让其参与社交技能的培养学习,在小组中学习的时候,让他的老师示范良好的社交技能,让其尝试模仿在课堂上被温和地提醒时适当的回答应该是什么样子),让比利体验到合适的社交经历,比利就有机会弥补差距并赶上同龄人。下面是一位母亲的真实故事,她的"比利"之所以重读一个年级,是因为他的社会和情感需要,而不是学业需要:

她的比利是在四岁的时候被她从俄罗斯的一家孤儿院收养来的。到他上三年级的时候,我们难过地意识到,他已经远远落后于同龄人了。他没有被纳入学校的学生群体,他的语言表达能力也不成熟。在学业上,他的成绩一般,因此他没有必要根据自己的成绩再耽搁一年,我们也担心留级会给他带来一些他不得不面对的社交影响。孩子们可能会很残酷地说:"你怎么会笨得不得不重读三年级?"然而,我们认为,让他有机会在社交和情绪管理上赶上同龄同学的长远的收获远远超过了短期在学校留级被取笑的损失。事实上,我们询问了比利,他对升四年级或与一位让他熟悉的老师一起重读三年级有什么感受,他选择了留级。他也痛苦地意识到他实际上无法与他的同学好好相处这个事实,他在社交方面经验不足。

今天,比利是高中四年级学生。我相信让他重读三年级是我们培养他的过程中做出的最好的决定之一。他在学校成绩优异,有朋友,只是去年还没有准备好毕业。

现在,作为一名高四学生,他又有一年的时间来充分准备进入人生中下一个重要的发展阶段。我深知,如果我们没有做出给他留级的决定,过去九个学年对他来说将会是充满不必要的困难和挑战的经历。现在,看到他热爱学校,有朋友,生活幸福,这是非常令人喜悦的。

4.5 感知能力的掌握

随着孩子身体的发育及其感官感知能力的提升,他会提高精细运动和大运动技能。运动技能需要大脑和肌肉之间的密切协调,让孩子能够完成爬行、行走、跑步、写字和说话。运动技能需要在有激励的环境中练习和重复,才能变得自如,并发展到最佳水平。

听觉、视觉和触觉等感官能力是儿童从环境中接收信息的主要途径。之后,运动技能使孩子能够表达从感觉通路接收到的信息。严重情况下,缺乏营养、过度刺激和缺失亲情的孩子在身体成长发育过程中会存在缺陷,也就是我们平时认为的发育不良。

像比利这样的孩子,其握铅笔的能力可能就比同龄孩子落后。他的精细运动的发育迟缓,导致他在课堂写作时,手与大脑的协调困难超出了他的容忍范围。他的身体对环境中的噪声、强光和其他刺激感官的因素高度敏感,不能恰当地对感官信息进行过滤和整理,很容易被外在干扰影响以至于无法平静。比利的身体可能比同龄人矮小,他会觉得自己比较弱小,在教室和操场上都会感到恐惧。如果我们忽略这些因素给比利带来的影响,也不解决这些问题,那么它们最终都会从比利的消极和不当行为中表现出来。

4.6 情绪管理的程度

孩子们的生命富有情绪的能量,他们在出生时就通过哭和其他寻求注意的方式来表达自己的情绪状态。随着他们的成长,他们情绪交流能力的提高和拓展,使得他们学习能力的边界也在拓展。这一情绪管理与发展的过程会持续到青春期,直至成年。

一个学生的情绪成熟度是他在学业上表现出色的关键因素。研究表明,在情绪管理方面不断提升的学生会有更优秀的学业状态,而在情绪管理方面受到限制的学生将面临早期学业失败的严重风险。

安迪带着能够识别、表达和积极处理自己感受的能力进入课堂。当他有情绪需要被处理的时候,他有能力来面对自己的感受,这些来自于他从看护者那里获得的足够的"情绪包容"。在他幼儿时期的亲子关系中,他通过自己的情绪表达获得了被允许、被爱的体验,并获得过情感支持的体验。他学会了准确表达情绪的词汇,并能够在不舒服和不安的情绪和感受里体验到安全。

那么现在,安迪成长为拥有能够表达自己的能力和容忍他人负面情绪的能力。当安迪在操场上,一个学生过来抢走他的球时,他也会感到很生气,但他有管理自己情绪的能力并且可以与这个学生一起解决问题,或者考虑清楚之后,去寻求老师的帮助。

相反,比利走进教室时,他内心的负面情绪不断涌动,他无法处理和管理自己的情绪,这些影响限制了他的自我意识和内心感受稳定的能力。他的脑海里会始终萦绕着类似的观点:

> ➤ "我不应该有负面情绪";
> ➤ "我只是个孩子,我的感觉不重要";
> ➤ "当人们生气时,我会受伤";
> ➤ "我感觉不安全";
> ➤ "如果我表现出情绪,我会让周围的人感到不安"。

当比利有这些感受时,他会压抑它们并将其内化。这种未表达的情绪使他处于焦虑和过于敏感的状态里,他成了一颗不定时炸弹。这已经不是他会不会爆炸的问题,而是"何时"会爆炸的问题。通常,如果已经达到了他能够压制这些未经处理的情绪能力的边界,他就会产生反应并释放情绪,这个过程通常与当时的实际事件无关,该事件只是"压垮骆驼的最后一根稻草"的典型事件。

如果一个学生从七岁的比利那里偷了球,比利会立刻愤怒起来。他压抑的感受就像一口酝酿已久的情绪之井被打开,然后他会迅速切换进入战斗模式。他会猛击偷球的学生,并向他扑去。这种过度的反应不仅仅与球有关,更是早期经历被困住的底层情绪释放而带来的反应。那一刻只是情绪爆发以及情绪释放而来的反应,此时的比利几乎没有自控力或自我意识来控制管理情绪。七岁的比利的情绪成熟度相当于一个两岁的孩子,这场混乱引发了操场的骚乱,这个时候谁又被视为"坏"孩子呢? 当然是比利啊。

一位母亲讲述了她的"比利"一直处于情绪的边缘地带,看起来像婴孩一样没有安全感,具体情况如下:

暑假结束时,就在三年级开始之前,我和比利的 IEP 团队开了一次会,提出了一个计划,以便帮助他轻松地回到学校生活(因为他刚读完二年级)。我们决定每天和他一起吃午饭,休息一会儿,然后帮他回到课堂上。我开车送他去学校,送他去上课,还接他放学,这意味着我们不会超过三个小时失联。

但有一天,我在出差,完全忘记了时间。我意识到我要迟到二十分钟,所以我飞下楼梯,跳上汽车,疯狂地试着在整个开车过程中通过电话联系他的老师,但都没有成功。我冲向自助餐厅,但那里没有人。我朝操场走去,还没来得及走到门口,三名工作人员就冲了进来,抱着正在尖叫着、哭着、踢着的比利。老师们说他在外面跳绳时,与一个男孩打架并且无法平静下来。其中一个工作人员开始质问他打架的原因,但其实这只会促使比利产生更大的过激反应。他一直在哭,我蹲下来,为迟到向他道歉。他看着我说:"你为什么不打电话给我? 我还以为你死了呢!"所以,这些反应与跳绳完全没有关系。

这个故事后来的最新消息是,比利现在十一岁,上六年级。虽然他仍然在一所为有特殊需要的儿童开设的学校上学,但他能够一周五天全天独自待在学校。他的母亲不再需要在没有她的陪伴的情况下把他一天的时间分成一小段一小段。他正在情感上不断康复和成长,他离独立维持自己生活的情况越来越近了。

第五章　信念系统的影响

Whether you think you can, or you think you can't — you're right.

无论你对，还是不对，你都是被允许的。一切如其所是。

——亨利·福特（Henry Ford）

"我是最棒的。"

在很小的时候，穆罕默德·阿里就自信满满，坚定地相信这句话，在他证明自己是最伟大的人物之前，他就已经不断地向人们表达这句话。

事实上，穆罕默德·阿里确实成为了伟大的人物之一。在他的职业拳击生涯中，他有 56 胜 5 负零平的记录。他势不可挡，是里程碑式的人物。

他是如何把这句话变成现实的？他一直告诉自己他是最棒的，他也告诉全世界他是最厉害的。"穆罕默德·阿里是最优秀的"成为了他的信念，他始终坚信，他的信念成为了他的现实。他的信念系统对他的一生产生了重大的影响。从这个例子中我们可以认为，影响孩子学业成功的最重要因素之一是他的信念系统。

信念系统赋予我们核心力量，驱动着我们前进。信念指导我们如何行动和管理我们关注的方向。信念之所以强大，是因为它使我们有意识或无意识地认为相关感知、认知、情感和记忆是真的，可以理解为我们的信念就是我们的现实。

信念可以激励和改变生活，就像穆罕默德·阿里那样，但不幸的是，它们也同样可以具有摧毁我们的力量。如果我们的信念是消极的、悲观的和狭隘的，那么结果将是消极、悲观和限制性的现实存在。对比利来说，消极信念系统的破坏力在他的学业生活中带来了许多混乱和影响。

5.1　信念系统的发展阶段

孩子来到这个世界时，天生倾向于完全相信别人对他们说的话。随着孩子长大、成熟和大脑的发育，他们接受、过滤和描绘信念的能力也在增长。在理想的环境中,直到 25 岁,一个人的大脑皮层才会发育完全。正如让·皮亚杰所强调的那样,儿童不是小的成年人。大脑在他们生命的每个发展阶段的能力都是不一样的。

5.1.1 从怀孕到出生

信念系统始于子宫,受到母亲的高度影响,母亲是胎儿与人类的最初联系。发育中的胎儿在怀孕期间对母亲的感觉高度敏感。如果怀孕是意外的,母亲并不想孕育生命,这些感觉会转移到胎儿身上。他会体验到自己不受欢迎,不讨人喜欢的感受。当基因正在旋转和形成的时候,这成为了细胞系统的一部分。如果母亲处于压力和不快乐之中,胎儿就会开始吸收这种压力,并形成一种信念,认为他是造成这种不快乐的原因。婴儿的感受"爱的能力"和自我价值感的基础在前九个月就被编码到了他身体的细胞中。

5.1.2 出生至两岁

当婴儿出生时,生命本能地将孩子与母亲联系在一起。母亲和孩子是一对关系系统,由一个整体变成了两个单独的个体。婴儿很脆弱,它必须完全依赖母亲来维持生命。

在这种依赖和缠绕的关系中,孩子的信念便来源于母亲的信念,就像在子宫里一样。如果母亲认为她的孩子是一种负担和麻烦,孩子也会认为他是一种负担和麻烦。如果母亲认为这个世界是不安全和危险的,这也会成为孩子的信念。这些来自母亲的沮丧和不安全感的积累感受,最终会变成一种根深蒂固的自我否定的信念状态。这样我们就会得到一个像比利这样的孩子。

相反,如果母亲爱自己、快乐和乐观,那么孩子也爱自己、快乐(除非有其他因素会干扰这种信念系统,例如导致持续疼痛的身体状况)。如果母亲寻找到了做母亲的意义,那么孩子也会在这个世界上找到意义和价值感。这些来自母亲的爱和接纳的感觉就变成了孩子的自我接纳和自爱。因此,我们有了一个像安迪这样的孩子。

5.1.3 两岁到十岁

当孩子开始渐渐长大,大脑也开始快速发育时,他开始拓展自己的认知边界、计划和信念。然而,这些计划和信念完全基于他的生活经历,来自于养育者对他说的话以及他所经历的关系的质量。

在成长的这个阶段,大脑仍然只是一个全然开放的接收器官。它是一个开放的大脑,把所有的信息都当作真实的。在生命的这一阶段,大脑还不具备充足的能力来处理或过滤负面信息,它将一切体验内化在自己的身体里。

如果一个孩子接收到负面信息,这些信息就会变成有意识或无意识的信念系统。如果他听到"我希望你从未出生过",那么他并没有能力阻止这句话成为他自己现实的一部分,他将坚定地相信自己不被爱,也不值得爱。

这个年龄段的孩子会观察他们最亲近的人的行为模式。他们学会根据周围环境区分哪些行为会被接受,哪些不会被接受。这些观念在六岁之前就已经印到了孩子身上,从那时开始,这些观念被塑造并影响孩子与他人的互动模式。

不幸的是,这样的孩子到八岁的时候接收到的负面信息有可能达到正面信息的七倍。在这个脆弱的年龄段,成年人对儿童所说的话非常重要,成年人如何与孩子相处也同样重要。它将塑造这个孩子将要成为什么样的人,以及他在这个世界上认为自己是什么样的人。《为什么我们相信我们所相信的》一书的作者,神经学家安德鲁·纽伯格(Andrew Newberg M. D.)明确指出,"有样学样"这个表达在神经学上是有科学依据的。

5.1.4 十岁到十六岁

随着孩子进入青春期前和青少年时期,大脑变得更加复杂。它不是简单的接收器,而是变成了信息处理器。孩子现在有能力开始过滤那些对他不起作用的计划安排,他意识到自己是一个独立而独特的个体,有能力创造自己的信念和世界。

在这段时间里,大脑变得足够成熟,能够理解和处理很多不好的和不正确的事情的发生。这一阶段在儿童发展历程里,是自我反省和过滤无效信念的时期。这是一个螺旋上升成长历程的新阶段。这个年龄段的孩子们不太具备辨别真假信念的细微差别的能力,反而容易变得极端。他会简单地过滤掉所有来自成年人的东西,仅仅因为这些指令是来自成年人的。这在不尊重他人、在行为和态度上非常防备的典型的叛逆少年身上体现得淋漓尽致。

当孩子只是简单地拒绝那些被当作真理的消极信念时,这种信息的过滤过程就变成了非黑即白,要么全盘接受,要么全盘否定。像"你管不了我!"或"我不听你说的任何话"这样的说法对任何与青少年打交道的人来说都太熟悉了。这样的陈述反映了自我认同和个人信念系统不断建立的过程。

5.2　外部信息变成了内部现实

孩子们的信念是在他们的成长经历中反复表达之后形成的。当更多的生活现实的证据支持他们的信念时,他们的信念会变得更加坚定。思想信念就像大脑的软件,当一个孩子的思想由他的经验"编程"时,这就成为他感知和理解世界的"软件"系统。

孩子出生时,他并不知道他是值得的,被爱的,或者被接纳的。通过亲子关系的养育,这些信念才得以"安装"到孩子的身体里。无论这些信念是积极的还是消极的,它们都是真实的,因为孩子没有过滤器来区分正确的信念和错误的信念,这些信念都变成了孩子生活中的巨大支撑和驱动来源。

这在生物医学文献中有很多的案例。当医生相信治疗方案,而患者对医生有信心时,心理干预就会起作用,有时甚至是能够完全治愈患者的疾病。

重要的是我们对孩子说什么以及我们如何与他们互动。他们的大脑利用这些信息来发展他们的自我意识以及理解他们的世界。当孩子们收到一条信息,无论是什么信息时,他们都会理解它的意义。

头脑会接受一个结论,从这个结论中创造出对世界的解释,并从这个陈述中理解出更深层的含义。例如,如果有人说"祝您飞行安全",那么这句话一定有原因。这个原因仅仅基于所使用的词语是意味着飞行不安全。如果飞行是安全的,那么就没有必要表达对安全的希望。唯一的结论是,飞行一定会伴随着某种风险。

将同样的概念套用到我们给孩子传达的信息的方式里,也存在相似的情形。表 5.1 所列为我们向他们传达的信息,以及他们对信息的相关理解。

表 5.1　外部信息如何导致负面内部信念的示例

外部信息	内部信念
安全地玩	玩耍很危险
你可以更努力	最好的我也不够好
你应该多学点	我不够好
如果你愿意听的话	我很笨
你为什么不能更像教室里的其他孩子呢	我不适合
你已经长大了,可以自己做这件事了	我一个人

续表 5.1

外部信息	内部信念
我要告诉你多少次不要那样做	我无法改变,所以这根本不值得努力
我会告你的状	我要反对你,我需要和你战斗
你被记录在案,我并不感到惊讶	人们不相信我,因此我不相信自己
我将不得不使用一些强制的爱	爱是危险的
你让我生气了	我很糟糕

5.3 信念影响生理功能

研究表明,那些乐观的观点和信念系统,说"一切都会成功"的人有更强的免疫系统。此外,乐观的人的皮质醇(一种应激激素)分泌水平较低。因此,信念影响生理发育,并影响儿童大脑的情感中心。强烈的信念,无论是积极的还是消极的,都会引发强烈的情绪,从而激发大脑的边缘系统。

如果孩子有强烈的消极信念,就将引发强烈的消极情绪,使孩子处于压力和崩溃的状态里,同时边缘系统保持激活的状态。如果你曾经对自己所做的事情感到不好,那么即使是在事情发生很久之后,这件事情引发的情绪仍然会萦绕在你的心头。你很可能因为这些感觉而感到焦虑、疲惫,甚至干脆逃离这些感受。对于像比利这样的孩子来说,情况也是如此,但他不是处于暂时的失调状态,而是处于长期的生理失调状态,这在很大程度上受他信念系统的影响。

信念引发的情绪感受不仅使信念系统深深地扎根于孩子的内心,而且神经回路也会被刻下这些印记。神经通路的发展是根据这些信念而来的。神经科学表明,一条特定的神经通路使用得越多,它就越强大;相反,一条特定的神经通路使用得越少,它就会变得越弱。这是一个类似于"肌肉锻炼"的情形。

例如,如果比利的父母对他成长过程中的行为反应总是与失败和责备有关,那么他的价值观和自我价值感就会降低。他的信念系统将为相信"我不够好"和"我所做的一切都不对",他的神经网络将以一种消极、自我挫败的模式连接在一起。

相反,如果安迪的父母对他成长过程中的行为反应反映出持续的理解、支持和爱的引导,那么他的价值观和自我价值感将是坚定而不可动摇的。他的信念系统将是相信"我能做到"和"我足够好",他的神经网络将以一种积极的、自我支持的模式连接在一起。

当比利和安迪肩并肩来到教室时，从外表上看，他们被视为两个相似的学生，但从内部看，比利和安迪截然不同。起初，在比利没有获得额外帮助的情况下，不能期待他们都能适应环境相同的学习模式，以及表现出同等的学习水平。

5.4　信念与课堂表现

当比利进入课堂时，他的信念系统已经受到负面影响，甚至大部分情况下已经被负面信念占领，所以了解学校环境的运行方式和规则如何能够对比利产生正面或者负面的影响是很重要的。对比利影响最大的两个因素是评分系统和使用表扬作为鼓励的教育方式。

5.4.1　评分系统

早在幼儿园，孩子们就知道他们的作业本上有一个大的红色"×"表示他们"错了"。这些×多到只能说明"我很蠢"。如果安迪没有收到×，比利收到五个×，当比利将他的作业本与安迪的作业本进行比较时，唯一合乎逻辑的结论就是"我是笨蛋"和"安迪比我聪明。"相比之下，如果安迪得到了所有分数，他会相信自己很聪明，但他也开始将自己的价值感和他的表现联系起来。

头脑相信它所感知的事实。即使老师通过告诉比利不要担心的方式来安慰他，比利也只相信他所看得见的东西。他会坚持认为自己看见的五个×是事实，安慰的话是假的。

美国的评分系统给孩子们的信息是他们要么是"聪明"的，要么就是"愚蠢"的。这个制度本身就是有害的。当像比利这样的孩子进入已经组织好的教室，并且他本来就认为自己不值得或愚蠢时，这个评分系统可能是给他带来灾难性后果的助力。它强化了消极的信念，将改变的希望变得非常缈茫。加上这一点，比利的学习进程可以说完全停止了。

5.4.2　表扬的鼓励方式

对于像安迪这样的孩子来说，用表扬作为一种鼓励方式是有效的，也很受欢迎。然而，对于像比利这样的孩子来说，他根深蒂固的信念系统认为他不好，不值得表扬，这可能会产生破坏作用。

当老师们赞美比利这样的孩子时,他会变得异常沮丧,仅仅几秒钟后,就会表现出相反的行为。这就好像比利需要不断用行为来证明他是一个真正的"坏"孩子。这种行为模式确实使人抓狂。

因为比利的世界是不可预测和不安全的,他的稳定基于他的信念。他必须相信他所相信的才能生存。放弃这些信念不是可怕,而是非常恐怖的。他必须向这个世界证明他是"坏的",因此,赞美和表扬驱使他表现得更加消极。

"干得好,比利。我为你感到骄傲!"这样的话显然与比利的内在信念相矛盾。这样的信息与他的自我意识是直接矛盾的。纽伯格写道:"人脑有一种倾向,拒绝任何不符合自己观点的信念。"比利的整个生存基础可能受到称赞的威胁。他无法从理性的头脑中做出反应,他没有充分的理由接受积极信息所带来的认知,而是从一种较低的生存状态中做出反应。恭维话会使他情绪激动,他正在努力保留熟悉和安全的东西,即使它们是消极和自我否定的,但却是比利熟悉和给予他安全感的东西。

5.5　信念系统限制了比利

对比利来说,消极的经历和对他说的消极的话已经形成了一个关于他自己和周围世界的消极信念体系。到了上学的年龄,他和安迪的性格已经截然不同了。家庭中的负面反馈和严厉惩罚造就了一个害怕犯错的比利。他天生的好奇心和对学习的热爱已经被抑制了。

为了避免更多的消极情绪所带来的压力,比利会避免冒险,停止尝试哪怕是挑战去学习最简单的知识。比利的反应方式通常是避免任何学习,以避免尴尬和羞耻。他学会了撒谎、责备、否认和反抗。即使在教室里待了六个小时,他也能在学业上一事无成。

将消极的信念系统与学习意愿联系到一起,对我们来说是比较意外的一件事情。家长和老师的报告说,他们花了数小时完成一项作业,但是却把铅笔掰断,把纸张撕碎,把椅子推倒在地上。从成年人的角度来看,我们认为,"这只是一个拼写单词的作业"或"这只是一个数学计算而已"。然而,对比利来说,拼写单词和数学计算对他的整个生存都构成了威胁。因为这些作业不断地提醒比利他的消极信念,当他面对这些作业时的状态又让他确认这些信念是真的。

虽然比利认为自己很愚蠢,但他并不真的想觉得自己愚蠢,因为这是一种不舒服和不安的感觉。当看到要按字母顺序排列的拼写时,他会感到这是一种挑战,因为他不想体验愚蠢的感觉。如果他继续拼写这些单词,并把它们弄错(他确信会发生这种情况),他就需要面对这些确凿的证据证明自己真的很蠢。

这些单词拼写将会一而再再而三地证明他是愚蠢的。在他的非黑即白的思维中,他就会确认自己的愚蠢身份,没有改变的希望。为了避免这种结果的发生,他会拒绝做这项工作。他会反抗,拒绝尝试,任何关于不完成作业的后果的惩罚都不足以平息这种反抗。他可以接受不休息带来的后果,而不能接受体验到愚蠢的后果。因为前者的重量比后者轻得多。

因此,问题不是比利挑衅或"懒惰",而在于更深的地方,那是他生命的核心,关于"他是谁"的问题。没有人愿意认为自己是愚蠢的,尤其是比利。这场斗争是为他的信念而战,而不是单单因为拼写。

比利可能带着对自己的过多负面评价进入课堂,这会干扰和抑制他的学习能力和学业成绩。表5.2列出了这些信念。当教育工作者和家长意识到比利对其学习的抵制,并不再以结果威胁他时,就可以尝试更有效的方法,将比利从消极的内部信念中解放出来。对比利来说,这意味着:感受到被倾听;不断接受肯定、祝福和重复的话语;被不断支持。

表 5.2　创伤引起的消极信念

消极信念
我很笨。
我不可爱。
我不够好。
我每次都搞砸了。
我不配活在这个星球上,我不担心。
如果我弄错了,我父母就不会再爱我了。
我的老师讨厌我。
除了我,班上每个人都能做这件事。
我太不知所措了,连试都不敢试。
我的老师更喜欢其他人。
我必须忍受和奋斗。
我不适合。
我一个人。
人们不喜欢我。
为什么我不能像我姐姐/兄弟一样聪明

5.5.1　允许比利的消极表达

当比利表达消极的信念时，与他一起的成年人通常会以一种与之相反的方式回应消极的信念，即使用积极的信念来回应消极信念。如果比利说："我不能这样做，我很笨。"老师通常会说，"比利，不是这样的。你很聪明。"虽然老师的意图是表达爱，但对于比利所相信的，这种回应是无效的。因为他没有被倾听到，他的信念和老师的信念之间的矛盾使他感到自己更加愚蠢和沮丧。比利开始不信任成年人，因此，如果老师试图用她的信念来推翻比利的信念，就会产生相反的效果。这实际上反而会巩固他的消极信念。

比利需要能够通过自己的经历来重新编程他的信念系统，而不是通过其他人将他们的信念强加给他。他需要的是被倾听。他需要相信有人真正理解他的感受，即使是消极的。为了启动比利改变信念系统的进程，比利需要被接纳和被认可。

传统上，人们担心的是，如果比利围绕着这个消极的信念表达自己的观点，那么这只会强化这个信念。而事实恰恰相反，创伤是无助的结果，它让孩子失去表达能力。因此，比利的恢复和改变将在他有机会表达的时候发生。

因此，当比利表达"我不能这样做，我很愚蠢。"时，他需要一个验证性的回答，例如，"比利，我知道你感觉不好！能跟我说说是什么让你感到不好的吗？"在比利改变这种信念之前，给比利机会解释他为什么会感到自己愚蠢，并对这种感觉发表意见是至关重要的一步。一旦他确认到——"比利，我没意识到这对你来说太难了，我现在完全明白了。难怪你不想做这件事。"就可以提问他如何才能完成任务。"我知道这对你很难相信，但我认为你很聪明，你可以做到这一点。如果你需要，我会在这里帮助你，你觉得你可以做些什么来继续拼写单词吗？"

5.5.2　如何让肯定变得有效

穆罕默德·阿里能够通过肯定创造他自己的现实，整个教室的学生也可以。如果计算机的软件已损坏或过时，则可以通过升级软件解决此问题。同样的道理也适用于头脑。肯定是一种升级大脑中消极编程的方法，用鼓舞、积极和充满活力的语句代替它。

大多数人都会建议在出现悲伤、沮丧或自我挫败的想法时重复积极的肯定，比如说："我很快乐。"然而，这是无效的，因为你不能通过简单地说一些积极的话来覆盖消极的想法，比如在删除旧的损坏软件之前向计算机添加新软件。这是行不通的。

为了使肯定有效,你必须首先承认消极的想法,拒绝它,然后添加积极的想法。表5.3给出了可用于帮助比利(和所有学生)重新规划其成功和学业成就信念的确认示例。

表 5.3　重新编程消极信念的自我暗示话语

有助于激发学生取得学业成功的积极背包
自信: 我再也不相信自己愚蠢了。我很聪明,现在我接受了。 我不相信我会再失败了。我正在成功,我可以做任何我想做的事。我现在接受了。 我再也不相信我是坏人了。我很好,现在我接受了这一点。 我再也不相信我丑了。我很漂亮,我现在接受了。 我再也不相信我是一个差劲的读者了。我是一个强大的读者,现在我接受这一点了
感情的: 我拒绝相信我再也不可爱了。我被爱,我是可爱的。我现在接受了。 我拒绝相信我必须再悲伤下去。我很高兴,现在我接受了。 我再也不相信自己了。我爱我自己,现在我接受了
社会的: 我拒绝相信我再也不被人喜欢了。像我这样的朋友,我现在接受了。 我拒绝相信我必须工作才能被人喜欢。朋友们喜欢我现在的样子,我现在接受了

5.5.3　自我暗示的心理重建

使用自我暗示和心理建设的方式可以帮助孩子们在开始失控时迅速回到内在的稳定。这是一种很有用的技巧,可以帮助学生在情绪失控的时刻回到情绪稳定的状态。然而,当使用自我暗示时,需要先做准备工作。在任何挑战事件发生之前,需要像训练一样去实践练习和重复这个自我暗示是很重要的。然后,当比利出现状况时,可以这样说:

老师:"谁安全?"

儿童:"我很安全。"

老师:"一直还是有一段时间?"

儿童:"一直都是!"

老师:"谁负责保护你的安全?"

儿童:"你[老师]负责保护我的安全。"

老师:"一直还是有一段时间?"

儿童:"一直都是!"

5.5.4 不断重复积极的信念

肯定和自我暗示的有效性在很大程度上取决于经常重复它们。当我们经常自言自语时,语言会进入大脑,而比利的自言自语会异常消极。在意识层面上给他一个新的想法,并每天重复这些积极的想法,最终将它们嵌入潜意识层面。穆罕默德·阿里曾说过:"是重复的肯定导致了相信。一旦这种相信成为一种深刻的信念,事情就开始发生了。"

当孩子们以自己的节奏学习时,是需要通过反复的练习的。学习任何新事物的基本过程都是先输入知识信息,然后将信息从短期记忆转移到长期记忆里,这同样适用于帮助孩子们摆脱消极的信念系统。这可以通过构建一种环境来实现,在这个环境中,以一种积极、肯定的方式持续支持他们,同时给予他们释放旧信念的情感空间。

5.5.5 以上方式无效的时候

有时候,无论得到了什么样的积极支持,建立了什么样的激励环境,以及比利与老师的关系有多牢固,他仍然处于一种挣扎的状态里。由于比利过去混乱而艰难的生活方式,他的信念系统认为他必须忍受、战斗和挣扎。他的潜意识会进行破坏,让他的生活变得困难是它的工作。制造危机和混乱是他熟悉的。

当障碍物被移开时,比利就会制造障碍物。他不相信自己有权享有和平、幸福和安逸的道路。虽然在意识层面上,他厌倦了批判和自我否定,但他继续在无意识的层面上创造这些障碍。这是一种可怕的对抗的生活状态。

当这些方法都无效时,只需允许比利是他如其所是的样子,允许他继续痛苦挣扎。这是他的历程。不能强迫比利参与治疗和改变,我们需要保持界限清晰,不需要过度承担责任,允许比利存在对抗的时候,这时只需要让比利知道周围的支持和人都足够强大,能够包容地对待他。

第六章　提问的技巧与艺术

Asking the right questions takes as much skill as giving the right answers.

提出正确的问题和给出正确的答案一样需要技巧。

——罗伯特·哈弗（Robert Half）

如果你提出正确的问题，你会得到正确的答案。如果你问错了问题，你同样会得到错误的答案。错误的答案来自错误的问题。

比利持续在教室里挣扎捣乱，一次又一次地被留校，在学习成绩上不断失败，在同学交往上感到痛苦的排斥，所有这些都是因为我们问错了问题。当看到比利挣扎时，我们会问："我如何让比利改变他的行为？"这是一个错误的问题，因为比利的挣扎不是基于行为后果的。

如前几章所述，比利的斗争基于成长经历、创伤、信念和自我调节能力。从成长的角度看，他有差距和缺陷，这使他无法理解自己所处的世界。他早期的创伤经历使他能够对任何他认为有威胁的事情立即做出反应，无论是真实的还是想象的。他认为自己愚蠢、不值得和不可爱。当他处于唤醒的状态时，他失控的调节系统会阻止他依靠自己的力量获得自我安抚和冷静。

当行为的根源不是真正的行为时，努力改变比利的行为会让老师和比利都很崩溃。

6.1　第一个问题

是时候换个问题了。我们需要问的是：

"是什么驱使比利的行为？"

孩子的行为反应总是有原因的。当我们能够找到驱动行为的原因和根源时，我们就可以找到解决方案，不仅可以改变行为，而且可以为孩子提供长期改

变和恢复的力量源头。

下面是一个真实的故事,一个存在特殊需要的学生正在努力解决他的自我调节情绪的问题,而老师和工作人员却只将其视为一个行为问题:

比利在课堂上开始变得焦躁不安。过去,他会表现出对老师和学生的攻击性,扔东西和推其他学生。经过几次这样的麻烦之后,他向妈妈表示,他正试图改变自己的行为,因为他不想再"坏"了,也不想从积分表上扣下任何分数。有一天,他的焦虑情绪不断加剧,当他的老师注意到他时,她提醒他需要坐起来,继续学习,重新集中精力;否则,她将从他的积分表上扣分。但他越是想坐着不动,就越是沮丧。他觉得自己体内好像有一座火山正在形成,它将喷发到他无法控制自己的程度。他知道重蹈覆辙是错误的,但他毫无选择,他跑出教室,奔向图书馆。他打开图书馆的门,绕过图书管理员,跑到他最喜欢的故事书区。他急忙拿出三本书,在图书馆的角落里找到一个舒适的阅读点,开始阅读他的书。图书管理员注意到了这些激烈的行为,意识到比利没有老师的许可证擅自进入图书馆。她走过去斥责他,接着把书拿走,说:"比利,你不能擅自进来把书从书架上拿下来。这是不允许的。现在就把书给我。"当她要把书从比利手里拿走时,他失去了所有的自制力,开始殴打图书管理员。

上述故事说明了问错问题的负面影响。老师以一种关注后果的提问方式对待比利,"我如何让比利改变他的行为?"没有人看见比利体内正在形成的失控情绪能量。

当我们仔细观察比利在做什么时,我们就会意识到他的行为是一个情绪能量调节问题,而不是行为问题。阅读是帮助比利冷静下来的一种方式。比利知道,坐着看书可以为他提供所需的情绪调节过程,以缓解他的焦虑和神经系统。他不是故意挑衅,相反,他是在有意识地寻找一种方式来调整自己的行为表现。

虽然比利跑出房间是违反规定的,但实际上他在他体内进行的活动比人们看见的要多得多。他决定不打架而变得无法自控,他想到另一种能够让他调节自己的活动——阅读。他的行动计划实际上非常出色,只是违反了规定。

这种误解是惨痛的。我们的学生正在竭尽全力地解决他自我情绪调节能力的问题,我们的老师和图书管理员正在竭尽全力地保护学生的安全,确保他遵守规则,并试图维持学校秩序,但都没有起到作用。

解决办法是提出这样一个问题:"是什么驱动了比利的行为?"当我们理解比利时,我们就得到了正确的答案:当比利感到不安时,他正在试图调节自己的情绪状态。我们需要教比利如何调节自己的情绪状态,而不是试图教育他为什么跑出教室是错误的,为什么没有通行证就不能允许他进入图书馆。事实上,比利已经为我们解决了这个问题。他向我们展示了阅读有助于他的自我调节。我们不应该惩罚他的独创性和创造力,而应该欣赏它,并将其作为解决方案的一部分,同时可以让他遵守学校的基本规则。

老师可以亲切地接近比利,并建议老师想出一个办法,让比利在需要的时候有"读书时间";可以根据课表制定阅读时间表,也可以给比利一个机会,当他开始变得失控时,可以表达出来他需要进行情绪压力的调节,而不必进入战斗模式并离开教室。当比利感到被支持和理解,并且没有威胁和恐惧的时候,离开教室的需要就会完全消失。

这只是一个比利需要情绪压力管理和老师需要他遵守规则可以成功地结合在一起的解决方案。以开放的态度来理解是什么驱动了比利的行为,就有机会寻找到很多合适的解决方案。

然而有时,"是什么驱动了比利的行为?"这个重要的问题可能会让老师感到困惑,答案可能需要进一步探索。回答这个问题可能需要更深入的、角度稍有不同的、更具体的问题。深入一点儿,尝试提出以下细节更加详细的探索性问题:

> 这里还发生了什么? 这个孩子需要什么?

> 我怎样才能改变我的观点?

> 是什么让我只关注行为? 现在这种行为是什么?

> 环境中的什么因素会触发这种行为?

在上面的示例中,如果我们问这个问题,"这个行为意味着什么?"我们需要谨慎,不要用传统思维来回答。传统思维会说,"他正在走出教室,因为他拒绝遵守规则,他拒绝让任何人管理他。"相反,我们需要用一种基于情绪压力管理调节的框架来回答这个问题。"他跑出教室是因为他即将达到情绪崩溃点,他正在寻求一种自我平静的活动,以重建他的承压能力窗。"

以下是回答其他探索性问题的方法:

> 这里还发生了什么? 比利和其他所有学生都在教室里,感到不知所措;图书馆提供宁静和独处的环境,这是安全的。

> 这个孩子需要什么? 他需要一个有调节能力的成年人来帮助他冷静下来,而不是威胁说他的积分表上的分数会被取消。

> 我怎样才能改变我的观点? 如果每个学生都被赶出教室,我需要抛开对整个学校陷入混乱的恐惧。我需要看着学生的眼睛,从他的角度看问题。我需要"感受"他独自面对过多的内在情绪爆发时的感受。

> 是什么让我只关注行为？我害怕出现某种情况就像那种不能控制学生的老师。我不想被人评头论足，我想被视为是一位受尊重的老师。

> 现在这种行为是什么？比利压力很大。

> 环境中的什么因素会触发这种行为？让我看看在比利激动之前发生了什么。在那一刻，可能负面情绪压力的能量已开始酝酿，以后我可以在那一刻帮助比利打断情绪的酝酿升级，并平静下来。

6.2　第二个问题

传统上，我们以严格的等级方式来看待师生关系："我是老师，你是学生。你会照我说的去做，你会学到我教的东西。"这种单向的思维模式在过去几十年中可能奏效，但在今天，即使是对我们的安迪而言，它也只是收获甚微。

我们生活在一个不同的世界——一个更加有意识和复杂的世界，需要成年人和儿童有更高水平的相互尊重和相互理解。即使是大公司也意识到，过去这种自上而下的管理系统已无法提供跟过去一样的盈利能力。

在线零售商捷步达康首席执行官谢东尼在其著作《传递幸福》中描述了他如何基于服务原则建立自己的公司的。捷步达康每年的商品销售收入超过 10 亿美元，证明了不同的、更人性化的视角能够极大地提高产能。该公司取得惊人成功的核心价值观之一是服务理念。

在捷步达康，这一服务理念不仅是为客户开发的，而且是整个公司的核心价值观——具有自上而下的服务态度。谢东尼写道："最好的领导者是服务型的领导者，他们服务他们领导的人。"

服务始于同理心，同理心是设身处地为他人着想。当你向他人的痛苦、恐惧和压力敞开心扉时，你对他们的需求以及如何帮助他们有了更深的理解；当你理解和放下评判时，同理心便会自然生出。

这种服务态度并不新鲜。小马丁·路德·金说："每个人都有成就伟大的力量，而不是名望，因为伟大是由服务决定的。"然而，这种带着同理心的服务理念，还没有完全适用于学校，特别是对于困难和具有挑战性的儿童。事实上，像比利这样的学生（是那些最容易被误解、贴标签和一直在努力理解这个世界的学生），以往得到的同情也是最少的。我们很容易在安迪难过的时候与他产生共鸣，但在比利难过时，给予他同理心是非常具有挑战性的。安迪发出一个前来交流的邀请,他已经成熟,可以接受同理心了;相反的,比利正直接向你释放负能量,随时准备反抗你。

想象一种全新的方式,老师、校长或家长对比利抱持一种"我要如何为你服务?"的态度,就像谢东尼作为首席执行官的服务哲学一样。这将会对比利的反应系统带来何种影响?考虑一下,假如你的情况发生了变化,以一种新的思维模式来改变心态,那就是把学生当成你的客户。这种视角的转变有助于与每个学生达到核心目标:关系。

因此,在每次与比利互动时,特别是当你被第一个问题困住时,你要问自己的第二个问题是:

"此时此刻,我能做些什么来改善我与这位学生的关系?"

此时此刻,与其专注于如何改变比利的行为,或灌输关于正确与错误的人生教训,不如先通过关系的质量来接触比利,从而触及问题的核心。同样的,核心问题不是行为,它源于发育缺陷、创伤经历、消极信念系统或调节能力不足。在消极行为发生的那一刻,比利不可能清楚地思考,做出正确的决定,或者思考自己行为的后果。

我们准备回答第二个问题:"在这个时刻,我能做些什么来改善我与这位学生的关系?"下面是一个更详细的且具有探索性的问题清单:

> 我怎样才能让比利感觉到安全?

> 比利需要我认可他吗?

> 比利需要我做什么?

> 我该如何回应才能让比利不受威胁?

> 我如何表现能为比利创造安全的人际关系? 我可以坐下来或蹲下来以减少威胁,减少伤害吗?

> 比利能回答探索性的问题,而不是我给他的答案,说明我好奇吗?

> 我怎样才能让比利相信我真的想理解他的挣扎?

> 我怎样才能对比利更真实?

> 如果我停止说话,开始倾听,比利会觉得他在讲述心声吗?

> 我怎么支持比利?

下面的例子中,一位治疗师能够成功地在关系层面上与比利建立联系:

在一个炎热的日子里,比利(四年级学生)和其他七名同学在院子里玩耍。

当轮到排队回教室时,老师注意到比利没有排队。相反,比利变得固执,拒绝移动。他站在那里,好像粘了在地上,不停地重复,"我需要一些水。"老师回答说:"比利,一旦你排队,我们就去取水。你现在就需要排队。"比利拒绝回答,继续循环,"我需要一些水。我需要一些水……"老师拿出她的剪贴板说:"比利,我现在正在从你的积分表上扣一分。"比利毫不犹豫地继续说:"我需要一些水。"

负责比利的学校治疗师路过时注意到了事态的发展。治疗师知道比利的病史。他目前与姑妈住在一起,因为他的亲生父母无法照顾他,而且他年幼时被严重忽视。在他两岁时的一个清晨,警方发现比利在街道上游荡,蓬头垢面,没有食物,也没有人看管。比利有一段严重缺乏食物和水的经历。此时,治疗师问老师是否可以带比利离开院子和他一起工作。老师精疲力尽地说:"好的……带他走!"

治疗师走到比利面前,温柔地说:"你会没事的。跟我来。"她没有提到比利的不服从和拒绝遵守规则,而是与比利谈到了问题的核心:安全。她认识到比利被触发回到了他历史上的一个时期,他觉得没有水他就要死了。相对于从他的积分表上扣分,他此时需要的是关系和安慰。

治疗师让比利放心,她会在那里确保他安全并得到照顾。她陪他走到喷泉旁,帮他深呼吸,让他平静下来。他平静下来后,她告诉他有必要回到课堂上,听从老师的指示。这件事之后,比利能够完成这一天剩下的学习任务,而没有从他的积分表上被扣下一分,这对比利来说是不寻常的,即使是在正常的一天里。

要成功地回答这个问题——"此时此刻我能做些什么来改善我与这位学生的关系?"需要相信这个过程,才能在一开始就忽略这些行为。记住,比利在压力大的时候无法学习。至于什么时候上课,只是一个时间问题。

这还需要允许自己不要把比利的行为视为个人行为,也不要像权威人物那样认为比利不尊重你。比利处于生存状态下。当孩子(或成年人)处于这种状态时,其他人都不重要,这是一种保护自我的状态。一位老师能够"成功"地与比利一起克服困难,需要通过她具有与比利保持连接的能力来实现,尽管此时她自己的内在也在发生变化。但是,爱能够支持他们走下去,爱的力量能够让陪伴的人面对她此时的真实反应。

在关系层面与比利连接的时候,老师会努力平息他的恐惧,缓解他的压力,减少他的崩溃。一旦比利恢复到情绪能够自我调节的状态,情绪功能由大脑皮层控制的时候,他的压力承受范围就会变大,下列对的问题就可以得到解决,并且更加有效。

表 6.1 显示了要问比利的第一个和第二个问题,以及更详细和具有探索性的问题。

表 6.1　第一和第二个问题以及更详细和具有探索性的问题

提出正确的问题
1. 这位学生的行为背后的驱动力是什么?
➢ 这里还发生了什么?
➢ 这个孩子需要什么?
➢ 我如何改变我的观点?
➢ 什么让我只关注行为?
➢ 现在这种行为是什么?
➢ 环境中的哪些因素可能触发这种行为?
2. 此时此刻我能做些什么来改善我与这位学生的关系?
➢ 我如何才能使这段关系对比利安全?
➢ 比利需要我确认什么?
➢ 比利需要我做什么?
➢ 我如何应对,使比利不受威胁?
➢ 我如何为自己创造安全的人际关系? 我可以坐下来或蹲下来以减少威胁,但不造成伤害吗?
➢ 比利能否回答我提出的试探性问题,而不是我给他的解决方案,这表明我感兴趣?
➢ 我如何才能说服比利我真的想了解他的挣扎?
➢ 我怎样才能对比利更真实?
➢ 如果我停止说话,开始倾听,比利会觉得自己有声音吗?
➢ 我要如何对待比利?

6.3　回应的方式

教像比利这样的学生需要更敏感的方法,这需要关注比利整个人。比利本能地认为外界对他说的大部分话都是负面的和具有威胁性的。我们的长期目标是帮助比利降低他的应激反应,并将他的情绪系统管理能力调节到跟课堂上的安迪一样。然而现在,我们必须面对比利的伤痛,在每一次互动的过程中给予比利体贴、安慰和爱,帮助他建立一个更牢固、更安全的基础。当比利感到安全、支持和被倾听时,他的集中注意力、组织和学习能力就会大大提升。

对比利来说,重要的是如何回应他,而不是一直抱着重塑行为的意图,这一点怎么强调也不过分。夯实他的基础和更新他对学校环境的负面印象是绝对必要的。正如第四章所提到的,如果你要建造一座十三层的建筑,就不能从第五层开始。你必须有一个坚实的基础才能确保顶层不倒塌。

对比利这样的学生,你首先需要以他的视角来做出反应。他感到孤独、与众不同、不被爱、不值得、不知所措和愚蠢。表6.2给出了传统上通过成年人的视角对比利的反应方式,和我们通过比利的视角而做出反应的对比示例。

表6.2 将传统反应改变为超越后果反应的示例

传统应对方式	超越后果的反应
这没有那么难	我需要知道这对你来说有多难
去主管办公室	我在这里,你不会有事的
你是个青少年了,你需要知道如何安排生活	我希望你单独面对,我会在这里帮你
停止哭泣	你可以体验这个感受
你太戏剧化了	你需要被听到
不要像小孩子那样	那真的会让你退缩,是吗
你等着受惩罚吧	跟我坐在一起
不用那么自卑	你需要什么帮助
你需要学会负责任	让我们把它拆分开,这样更容易管理
在这个问题上,我帮不了你——这个教室里还有三十个孩子	我们会一起渡过难关。这个班上的每位学生都很重要
别跟大人那样说话	你可以有发言权,让我们一起说话
别发牢骚了	我想更好地理解你。如果我能了解你的感受,我将能够更好地帮助你。请你告诉我,这样我才能真正理解你
你不应该那样做	有时候生活变得太难了,不是吗
我在给你父母打电话,等他们过来再说	让每个人都参与进来支持你。你没有麻烦。我希望你的父母参与进来,这样我们都能找到一种方法让这一切变得更好
要表现得符合你的年龄	这对你来说太难了,难以承受
你需要对此承担责任	很遗憾,这太难了
你已经长大了,可以自己处理这件事了	让我们一起来处理这件事
长大吧	我是来支持你的
你在大学里得不到帮助,所以你现在需要自己做这件事	现在让我帮你,这样你就可以准备好上大学了
你得规矩点,因为你在我的教室里	我在这里是为了让你感觉安全
你需要像安迪那样	你有你自己的天赋和资源
如果你一直行为不端,没人会喜欢你的	我知道你希望被人喜欢,让我们一起让它发生吧

学生,特别是像比利这样的学生,更需要他们的老师和照顾者能够超越后果、逻辑和控制。他们需要生活中的成年人与他们建立关系。通过他们的不良行为,给予他们需要寻求的外部调节,这些不良行为本身是有意图的,是在通过自己的方式表达。对于像比利这样的孩子,他们情绪调节的方式和策略是错误的。如表 6.2 所列,通过爱的回应,以关系代替惩罚,才是长期帮助比利这样的孩子的最有效方式之一。

当我们以传统方式做出反应时,得到的现实结果是我们仍旧在促使比利展现更多不良的行为。我们正在参与并维持这个模式的循环。改变课堂上学生不良行为的正确方法是影响,而不是控制。这个星球上没有人喜欢被控制,尤其是比利。通过提供稳定情感、同理心、连接、宽容、善良、安全和接受的关系的力量来影响比利,才是比利走出课堂上消极行为的艰难循环所需要的。我们必须相信,从根本上说,孩子们的行为是由压力、恐惧和缺乏情绪压力调节能力引起的。

在学生的一天里,当他回到旧的模式、旧的思维和旧的应对策略中时,最有效的时刻是在他最困难的时刻教他以一种新的模式来度过,这是最珍贵的体验。在关系中的比利会拥有持续发生改变的可能。教给他在关系中体验到的正向情绪调节模式,而不是试图改变他的思维方式。在最困难的时刻中断当前的行为,那里就存在着巨大的空间,给予比利改变的机会,能够永久改变比利未来的行为。

6.4　好像是溺爱

是的,一开始,你会觉得你在"屈服"、"溺爱"和"宠爱"比利。这种解释源于传统观点,就是学生可以选择不好好表现。然而,学生表现是因为他需要关注。忽视行为、威胁行为或控制行为只会给孩子一种消极关注的形式。这是极其有害的,因为从孩子的角度来看,任何形式的关注,无论是积极的还是消极的,都是关注,并且最终都会被孩子解释为爱。当努力与比利建立关系以满足他的真实内在需求而不是试图控制他时,平和与爱的结果就会发生,如以下真实故事所示:

比利跑出了四年级的教室,沿着走廊爬到了一张半封闭的桌子下面。班上的助教追赶着比利,旁边的另一名工作人员也加入了进来。当比利尖叫着让他们走开,别管他时,他们两人围住了桌子。与比利建立了强烈的信任关系的校长来了,她来看看所有的叫喊是怎么回事,并示意两名员工回到教室,而她留下来照顾比利。

校长静静地站在离桌子十英尺远的地上。沉默了几分钟后,比利喊道:"我知道你在那里! 我能看到你的脚!"校长平静地回答,"我只是来帮助你的",没有说别的。

一旦校长说了这些话,比利的整个举止都变了。校长知道学生们即将搬进走廊,他们将要转到另一个班级,所以校长问比利是否愿意和她一起走到隔壁房间,那里有一张舒适的椅子,她可以抱他一会儿。比利从桌子下面爬出来,和校长一起走了。只花了几分钟时间,比利就趴在她的膝盖上,让自己平静下来,直到他调节好要求回去上课为止。

虽然每所学校都有自己的方式来支持孩子,但简简单单地与比利建立连接,并主动牵着比利的手,就很容易收到本故事中描述的效果,可是工作人员认为校长"溺爱"比利,然而如果校长没有以这种方式干预,如果他被强迫从桌子下面(比利创造的安全区)出来,比利肯定会进入战斗模式。这个过程——超越后果的管教方式——将需要抛弃这些旧观念,接受孩子的真实需要:他们需要关注、理解和情感联系,这些需要能使他们保持在边界之内,能够遵守规则和听从设置规则的老师。比利需要支持他的成年人来减轻他的压力,提高他的情绪调节能力,并提供一个情感安全的环境。

与此同时,比利也需要一个强大的边界来"让他依靠",让他知道他是安全的,以及他周围的人可以与他相处。这就好像他需要罗杰斯先生和乔治·巴顿将军的混血儿——一个拥有强大自控能力和清晰边界的人(巴顿将军),但却表现出温柔和同情(罗杰斯先生),温柔而坚定地支持着他(见图 6.1)。

(弗莱德罗杰斯公司授权使用)　　　　　　(巴顿卡尔布斯授权使用)

图 6.1　罗杰斯先生和乔治·巴顿将军的结合是比利所需要的

要想改变比利的大脑、思维和思维模式,就需要在课堂上一遍又一遍地重复这些经历。对于比利这样的孩子来说,他的神经网络是混乱地编织在一起的,因此,需要一位充满爱心和具有自控能力的老师进行系统的、可预测的、不断重复的影响,通过这些体验的经历,才能让他的大脑平静下来,并重新编程他的思维。比利有机会变得更像安迪,他只需要大脑所需要的、要求的和渴望的"溺爱"、注意力和敏感性。我们可以相信人类神经系统的可塑性,给予他这些关怀,就可以等待并见证奇迹的发生。

正如威拉·凯瑟所写:"伟大的爱在哪里,哪里就有奇迹。"

第二部分

超越后果的应用

第七章　有效的激励

Sometimes even to live is an act of courage.

有时甚至活着也是一种勇气。

——卢修斯·安奈乌斯·塞内加(Lucius Annaeus Seneca)

激励是一种模糊而神奇的力量,它驱使人们为实现目标而采取行动。它是一种"行动号召",在每个年龄段和每个发展阶段都会自然而然地发生。像安迪这样的学生,天生就被一种本能的好奇心所激励,他们对世界充满好奇,对学习本身就有热情。

创伤会剥夺孩子的好奇心。当比利周围的世界和人们不再安全时,他的好奇心就会被锁住,严重阻碍了他内在的动机。这是一种恐惧反应。心态会发生180°的转变,受创伤的孩子现在会想,"如果我不去探索、参与或努力,那么我会是安全的。"

唤醒理论可以用来解释人类动机本质。该理论表明,人的内在有一个被永久激活的温度调节器,可以平衡唤醒水平。如果唤醒水平降低,那么一个人会寻求一些刺激,如体育锻炼或夜总会;相反,如果唤醒水平过高,那么这个人会寻求休息时间,比如看书或看电影。

对比利来说,无论他是在过度活跃还是安静、沉默寡言的状态里,他的内在唤醒水平一直都很高。在他过去的经历里,他没有经历过正常的调节,他无法像安迪一样拥有一个更"正常"的设定点。由于他的高唤醒状态是由恐惧带来的,所以他会通过不断创造安全感来调节唤醒水平。

不幸的是,我们一直认为比利是反抗的、懒惰的、缺乏动力的。

7.1　传统观念

受传统观念的影响,人们认为学生的动机水平受几个因素的影响:① 获得他人认可的需要;② 克服挑战的欲望;③ 对主题的兴趣;④ 实现目标的大致愿望;

⑤ 自信;⑥ 坚持。对于安迪来说,他是一个进入课堂的相对规范的学生,内心有一种"我很好"的感觉,这些因素给他带来真实的体验。比利无法在课堂上获得身体或情绪上的安全感。因此,他仍然处于较低的学习层次。无论教授的科目内容是什么,他是否感兴趣,这些对他来说都不重要。

外部奖励被当作了解决方案,来帮助那些没有自然发展出强烈自我驱动意识的学生。表7.1所列是一些典型的外部积极和消极的激励因素。安迪可以成功地回应这些奖励,而对于比利,却是截然不同的结果。

表 7.1　典型的外部积极和消极的激励因素

积极激励因素	消极激励因素
贴纸图表	隔离
家庭作业	推迟延期
班级聚会	额外作业
额外休息时间	大喊大叫
娱乐星期五	错失额外活动
百宝箱奖励	暑期留校
食物和款待	超时暂停

在比利寻求奖励的过程中,即使是积极激励的奖励,比如贴纸或来自百宝箱的奖品,也会产生压力。他当然想要奖励,但在为获得奖励而产生的压力下,他崩溃了。在他的承压能力窗内,这是一种难以控制的冒险体验。他夸张的二元视角告诉他,如果他得不到奖励,那么他就是愚蠢的、坏的、不可爱的、与众不同的、不值得的和不成功的。他没有足够的情绪压力调节能力来处理由此产生的崩溃的感觉,因此,他就会持续表现出一些消极的负面行为。这种积极的激励因素通常会对像比利这样的学生产生适得其反的效果。

调查显示:

"我总是被赶出教室。有一次我不想离开教室,我一个人被留在走廊里,所以我撞翻了一把椅子,实际我并不想那么做。"

消极的激励,如疏远孤立的威胁,以往被用作让学生参与并完成作业的惩罚方式。将学生放在角落里,让他们坐在老师旁边(作为惩罚),或让学生走出教室独自坐在走廊上,都是消极激励的例子。不幸的是,这些只会在学生之间制造差异和分歧,并为他贴上"坏"孩子的标签,同样也会给比利带来压力。

调查显示：

"一个好老师会让学校变得更好。我在三年级时有一个老师，我从
来没有遇到过麻烦。在四年级时，我有一个老师总是把我赶出教室，
这让我无法忍受。"

安迪有能力和力量好好表现，是因为安迪不想像比利那样"坏"。但对于有
被遗弃和拒绝的历史体验的比利来说，当他被孤立时，却更加坚定了他内心认为
自己真的是个坏孩子的信念。结果，他的消极行为变得越来越严重。讽刺的是，
他确实为自己创造出了一开始他就害怕的东西。

传统的学校环境是建立在严格的等级制度中的，以保持学生的一致性和积
极性："我是老师，你是学生，我会教你，你会听，你会学。"虽然在课堂上建立这种
等级制度是适当的，也是必要的，但现实是，这种制度已经走到了极端，而且没有
为关系留下空间。

比利有被看顾他的人伤害和创伤的历史，为了确保自己的安全，他会抵制这
种结构。他的历史体验告诉他不能信任成年人。为了适应课堂上的这种等级制
度，比利必须首先在情感上获得安全的体验。与老师和其他成人建立牢固而充
满爱的关系，是对他成长和提高与老师相处能力的至关重要的因素。

7.2 新的观念

孩子们天生热爱学习。作为蹒跚学步的幼儿，他们在没有外部激励的情况
下就能学会爬行和行走。当然，他们喜欢鼓励，但对进步的自然渴望本身就是他
们天生的一部分。孩子们不需要被贿赂或威胁去学习。他们需要的是支持、引
导和给予一个有助于情感安全、发展关系和受到尊重的环境。

如前面的内容所述，过去发明和实施的传统教育方式是比利进步的障碍和
绊脚石，因为它们创造了恐惧。任何基于恐惧的技巧只会提升已经生活在恐惧
中的比利的恐惧感。这些教育技巧就像披着羊皮的狼，它们是错误的观念。现
实是，当恐惧成为学习环境的一部分时，像比利这样的孩子就会停止学习。接下
来要出现的正是这些外部激励想要消除的——消极行为。

激励更多地是需要给予情绪调节能力，而不是简单地做出成功的选择并遵

守规则。传统的方式,如贴纸和奖励,作用在比利大脑中被关闭的区域。清晰地思考、合理地解释"如果我行为得当,那么我将从百宝箱中获得奖品"是在大脑皮质处发生作用的。对比利来说,当他处于挣扎和失调状态时,大脑的这一部分将停止活动(见第三章)。比利的问题存在于大脑的下面一层。这就是为什么他的想法会与安迪不同,特别是因为他的消极信念系统在说他愚蠢,这个世界不安全,所以他必须尽力让事情发展对他起作用(见图 7.1)。

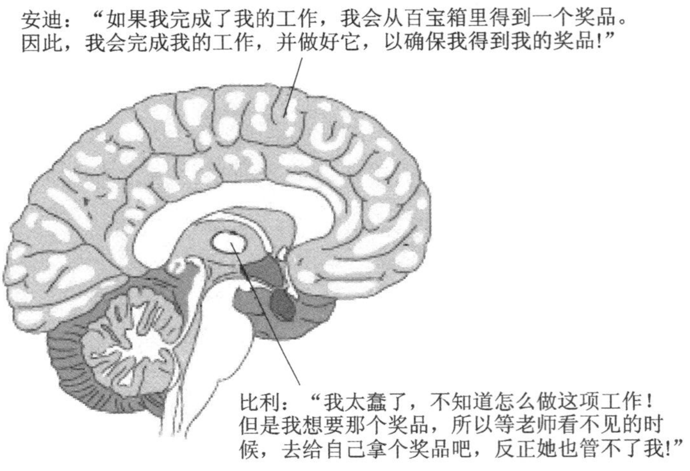

安迪:"如果我完成了我的工作,我会从百宝箱里得到一个奖品。因此,我会完成我的工作,并做好它,以确保我得到我的奖品!"

比利:"我太蠢了,不知道怎么做这项工作!但是我想要那个奖品,所以等老师看不见的时候,去给自己拿个奖品吧,反正她也管不了我!"

图 7.1　自上而下的思维与自下而上的思维

在大脑的下半部分,生命只存在于接下来的 15 秒,在这里没有后果和影响,在这里只有短暂的 15 秒的反应。道德、伦理和"对与错"之间的差异都没有关系。这些指导原则都存在于大脑的大脑皮质中,当比利的行为失调时,大脑的这一区域将不再"起作用"。

解决方案需要互动式调节(即通过关系的力量)让比利冷静下来,为比利创造安全感,并减少他的焦虑。当你从承诺奖励或威胁来激励学生的方式转变为利用学生的人际关系的脑神经生物学理论采取的方式,利用关系的力量给予情绪压力调节的方式来管教时,你会有惊人的发现,如下所示:

一名小学教师从使用著名的"红灯教室管理"教育方式转向面向提供儿童安全和自我调节需求的教育方式。在这个红灯计划中,每个孩子都以绿灯开始一天。当孩子做出消极的行为和选择时,他们就会偏向黄灯,最终转向红灯,每一个关卡都会产生相应的后果。而这位老师基于袋鼠的安全口袋创建了一种方式,取代了绿灯。每个学生在一天开始的时候口袋里都有一只袋鼠,上面写着自己的名字。当学生表现有偏差时,学生的袋鼠将被转移到老师的保险育儿袋中,表明学生需要安全感,需要老师的帮助才能获得自我情绪压力调节的能力。她向学生们解释说,她的首要工作是保证让每个人在课堂上感到安心。通过这种方式,任何需要额外支持的人都得到了这样的帮助,没有惩罚或恐惧。这个系统在教授学生表现出适当的行为方面更加有效,因为她能够帮助调节学生的情绪压力,并将他们转移回一个安全平静的状态里。

对于像比利这样的学生来说,这种方法非常棒,因为它帮助他摆脱恐惧和求生存的模式。当比利需要依靠自己来调节时,他所有的内部资源和能量都已经用于保护和获得安全,没有给学习留空间。比利越是在学业上落后,他就越感到受到威胁,学到的东西也就越少。因此,当我们使用传统方式时,就进入了一种消极负面的无休止的循环中(螺旋式下降)。不幸的是,对于许多学生来说,摆脱这种恶性循环的唯一办法是强制退出并辍学。

这需要我们从行为视角转换到基于关系的视角,这样才能中断孩子的负面螺旋式下降。许多传统技巧只需要稍加修改,采用传递爱(如上面的例子)的方式而不是传递恐惧和控制的方式与孩子连接。这是一个很小的转变,但却能对学生产生强烈的影响。

7.3　创造归属感

通过人类的进化过程,我们了解到人类历史是在每一代的繁衍生息和多文化交织的背景中流传的。人类物种长期以来一直都是由核心家族和族群来定义的。事实上,我们天生被塑造为适合群居生活,独居生活不利于我们的神经系统发育。研究表明,我们的身体健康取决于人际关系的质量,我们需要一种感觉,那种能够感知到自己对别人很重要的归属感。

当一个学生感觉到其他人认为"你是我们中的一员"时,安全感就自然而然地产生了。不幸的是,传统课堂对比利消极行为的反应恰恰相反,孤立和疏远表达的关系是:"你不是我们中的一员。"用这种传统的方式,比利在自己的课堂环境中就被排斥了。因为他长期被拒绝、遗弃,或被当作坏孩子,这种纪律处分方式将进一步加剧比利的压力反应。他过去的记忆体验决定了如何解读现在的时刻。他会被这种无归属感所触发,这让他陷入恐慌。一个学生过去的家族史对于了解其当前状态和课堂反应至关重要。

调查显示：

"你应该有做自己的自由，而不必害怕被评判。"

在课堂里创造一种归属感不只是为了比利，也是为了所有学生。班级就像是一个"家庭"，支持、理解、容忍、接纳和爱每一个学生的个体差异（而不是期望每个学生都是一样的，符合预定义的模式）。整个班级应该为每个学生的需要而存在，而不是相反的（传统上，学生的存在是为了班级的需要）。当一个学生情绪失控时，课程就会停下来支持这个学生，每个人都会努力帮助他，让他感到安全。支持彼此的需要，是与每一个人相关的事情。

这看起来可能会花费很多的时间，并且会中断学业的进程。一开始，这将需要更多的时间，学习活动可能会排在第二位。阅读、写作和算术很重要，但关系也很重要。一旦安全、稳定和接纳在学年开始时得到巩固，这样的环境将会让学生在整个学年中在学习上发挥出最大潜力。这是时间和情感能量的投资，从长远来看，回报将会是学习成绩的提高。

环境氛围有助于增强每个学生的力量并让每个学生都有发言权，如下例所示：

在教室里，一位老师能够建立这种以家庭为导向的学习环境。当一个学生调节能力混乱的时候，每个人都能参与进来，帮助这个学生再次感到安全。老师有一个响铃，当比利有一天变得不正常时，另一个学生按了响铃（他被允许这么做），喊道："大家都开始深呼吸！"这时老师能够说："我们都需要停下来，对，请大家安静，深呼吸。告诉我们自己我们都很好，每个人都是安全的。"然后老师鼓励学生们继续做他们正在做的事情，然后走到比利身边，单独帮助他调节自己的情绪，使比利重新回到学习中去。全班继续学习，比利很快就回来了。

调查显示：

"是的，我喜欢学校，因为我有有史以来最好的老师，
她帮助我们班成为一家人。"

在科罗拉多州博尔德市的一所创新学校——分水岭学校，学生们每周都会在固定的时间举行一次他们称之为"给建议"的会议。一位老师被指定为"顾问"，并被分配到含有不同年级学生的小组内。从九年级到毕业，这群人将会一

起度过四年。每个咨询小组都越来越像一个紧密联系的家庭,在那里学生们有一个情感安全的地方来讨论他们生活中出现的任何问题,它是学生解决社会、情感和学习问题的场所。小组内每个成员都有发言权,每周都有平等的机会被倾听和理解。

结果是,学校里的学生有了更深的信任和安全感,消极的社交问题也减少了。学生们在各个层面都能更好地沟通,表达"我需要帮助"的能力也提高了。老师对每个学生都有更深的了解,这直接引发了学业成绩的提高。每周一小时的时间投入,加上每位老师的情感和关系投入,已经证明对学校产生了巨大的好处。

当像分水岭学校这样的课程能够基于关系和社交方式组织开展时,学生们会感到安全。当他们觉得自己有归属感时,学习成绩会自然而然地提升。以下是一些更简单但有效的方法,让学生感觉自己真正属于课堂:

- ➤ 花时间与每个学生交谈并表达欣赏。当学生走进教室时,可以传达的信息是:"欢迎光临。因为有你,课堂变得与众不同。"
- ➤ 识别学生的情绪,帮助调节情绪,而不是忽视或批评情绪。
- ➤ 听学生的(你不必同意,只要听就行了)。
- ➤ 对学生微笑,无论他们的态度或性格如何,都把他们放在心里。
- ➤ 关注对每个学生来说重要的事情。
- ➤ 向学生寻求帮助,或者让学生提供帮助。
- ➤ 保持"这里永远欢迎你"的态度。
- ➤ 与他人分享学生的想法("比利有个好主意……")。

调查显示:

"我的建议是环境舒适温馨。
没有学生愿意坐在只有桌椅的教室里。"

7.4　创建解压的教室环境

为了激发学生,他们必须要经历外部调节的支持过程,不能顾此失彼,因此,教室应该被设计成一个可以帮助学生在整个上学日或上课期间保持规范的环境。

运动。重复活动是帮助学生提升自我调节能力的关键。固定的、有节奏的和重复性的运动能够使大脑平静下来,并激活前庭系统(对运动和我们的平衡感做出反应的感觉系统)。当婴儿感到不安时,看护人会与婴儿一起摇晃、弹跳或摇摆,使婴儿平静下来。年龄较大的儿童也是如此。在课堂上应该提供这些类型的运动,让孩子们安静下来,帮助他们重新集中注意力,这样能够进行更多的学习。以下是一些为儿童提供运动的想法:

➤ 摇摆。摇滚乐唤起了人们对安全的记忆。在教室里放一把摇椅,让孩子们自己摇动,或者主动摇动年幼的孩子。

➤ 踱步。当我们焦虑时,我们自然会加快脚步。这是身体调节的一种方式。与静坐相比,当身体运动时,大脑皮层可以吸收更多的信息。在教室后面用胶带划出一个步行范围,让学生即使在上课时也能踱步。当比利可以自由活动时,他会学得更好,而不是被迫坐着不动,这让他有被困住的感觉。

➤ 站立练习。在课堂里,结合每个学生的情况可以让他站在自己的课桌前。大脑健身房运动可以显著提高学生的注意力集中能力。

➤ 坐着练习。平衡球对于坐在课桌旁需要移动身体的儿童来说,是椅子的绝佳替代品。

➤ 空间运动。旋转和摇摆等活动有助于调节孩子的身体和情绪。滑梯和旋转木马等游乐场设备为孩子们提供了一种有趣的重建调节能力的方式。

➤ 双边活动。重复或双侧的运动,如跳绳、爬行和骑自行车,都是帮助身体平衡的极好运动。

孩子们经常做的一些事情,实际是表明他们此刻需要合适方式的帮助。成年人应该看到的是他们需要合适的解决方案,而不是仅仅看到他们违反了规则。下面的例子表明了一个孩子是如何知道运动是他自己需要的,可以帮助他进行调节,但在这个过程中却违反了规则。

比利在教室里会感到不安,未经老师允许就跑了出去。每一次,他都会跑到学校的电梯前,在电梯里"玩耍",反复地让电梯在两层楼之间往返。他拒绝出来,只想让电梯上上下下。老师们多次与比利交谈,帮助他了解电梯不是玩具,而是为许多残疾学生提供的必备设备。他们向比利解释,不允许他跑出教室,是因为在没有成年人监督的情况下离开教室是违反课堂规则的。比利被告知他每次跑到电梯都会被记分。这一情景在整个学年中发生了多次,但无论怎么解释似乎都不会影响比利的行为。再多的记过对他都没有任何影响。似乎比利要做他想做的事,并不会在意这是否违反规则。

比利的所作所为清楚地揭示了一个情绪调节的发生,而不是行为问题,然而老师们问:"我如何让比利改变他的行为?"这是个错误的问题。电梯上下的运动提供了生理层面的安全的感官体验,有助于调节比利的情绪。他并不是故意挑衅,相反,他是在积极寻找一种通过调节自己来平静自我的方式。

解决办法在于,当学生寻求自我调节运动的时候,意识到学生的活动是一个在调节自己情绪的问题。有了这种理解,老师可以亲切地接近比利,他们可以想出一种方法,让比利在需要的时候有"电梯时间"。可以制定一个与老师的时间表相配合的时间表,或者当比利在课堂上失控时,他仍有机会表达他需要进行自我调节。

声音。音乐能让人平静。研究证明,它确实能改变人的脑电波发射方式。在子宫内,胎儿不断地被心脏有规律的节奏和振动包围。脑干在很小的时候就形成了这种模式。因此,对古典音乐和美洲土著鼓乐的研究表明,它们是有效的减压形式,这就显得不奇怪了。白噪声和喷泉也可以用来提供舒适的背景音。

动物。动物对人类有安抚作用。你有没有去过没有鱼缸的心理医生的办公室?研究表明,观察鱼儿在鱼缸中随意游动可以显著降低压力水平和血压。其他柔软可爱的动物,如仓鼠和豚鼠,可以帮助孩子们营造一种平静的气氛。

调查显示:

"我们班有一只宠物,名叫邦尼·富福,我很喜欢。"

短暂休息。有些孩子需要经常离开教室,休息一会儿。给学生提供图书馆通行证,可以为他们提供这些急需的休息时间。当然,比利也会耍小聪明,即使被控制,他也会试图过度利用这种离开教室的奢侈机会。我们就需要使用界限和限制规则来有效地使用这一工具,而不是造成这一工具的胡乱使用。

简洁。减少墙壁和天花板装饰。许多教室的墙上和天花板上都钉着、挂着、粘贴着大量的纸张和海报,甚至连安迪这样有自制力的学生都不知所措。当你走进一间水疗中心时,你会注意到什么样的环境呢?有柔和的音乐,墙壁被漆成柔和温暖的颜色,还有一个喷泉,营造出一种和谐平静的氛围。课堂环境的好坏也会直接影响学生的自律情况。

调查显示：

"我很心烦意乱,我借机去上厕所。"

照明。将教室的照明更改为暖光。在强光下工作,压力和焦虑会增加,尤其是使用荧光灯。使用带有白炽灯泡的灯具即可,同时尽可能往教室多引入自然光。

调查显示：

"只要不打扰任何人,孩子们应该可以随时吃零食。"

食物和水。保持学生身体水平的正常对他们保持冷静和专注的能力很重要,尤其是在上课的过去有被忽视和食物不足经历的比利。当他们感到饥饿时,他们的身体很容易进入生存模式,这会引发他们永远不会再被喂养的恐惧(对于比利来说,黑白思维再次出现)。即使对安迪来说,吃零食和喝足够的水也有利于他的行为。保持零食和水的供应是帮助学生保持自我调节能力的理想选择。

安全。有时,即使采取了各种措施来建立一个自律友好的课堂,比利也可能无法维持安全,而变得咄咄逼人和有暴力倾向。当比利达到崩溃点时,安全是始终要考虑的。传统上,当比利表现出这些不安全的行为时,他会被安排在一间隔离室内,并告诉他必须冷静下来,然后才能返回课堂。这种对比利的攻击反应的处理只会更加让他处于求生存的模式中,特别是如果他还有创伤史。对这样一个孩子来说,一间隔离室绝对是最糟糕的解决办法。

调查显示：

"不。我不喜欢上学,因为那间安静的隔离房间让我
害怕得尿裤子,他们让我用漂白剂和浴室里的毛巾把它
擦干净。他们不让我换衣服或洗手。我现在去了另一所
学校。"

将一个还没有有效的情绪压力调节能力的孩子隔离起来,并让他自己冷静下来,这是有害的,这不应该作为规范孩子行为的一种方式。隔离并不能使他独自冷静下来,这会使他陷入更深的战斗或逃跑唤醒反应中,这将是又一次的精神

创伤的经历。同样的,把一个哭泣的婴儿独自留在婴儿床上,期待着婴儿自己平静下来,也是这个道理。婴儿只会哭得更大声,直到他达到崩溃点而停下来,他停下来是为了阻止处理危险压力的应激激素被排出体外,他不得不停下来。他停止哭泣是为了生存,而不是自我调节的结果。

相反,可以将比利转移到一个安全的房间内并营造出安全感,那是一个不同于隔离室的房间,但需要一个有正常的情绪自我调节能力和具有信任感的成年人陪伴他。如果这个成年人呈现的是一种充满爱、没有控制和恐惧的状态,比利就没有攻击的必要。当这个成年人不再向比利输送更多的恐惧,并增加一种平静和爱时,比利的攻击就会减少。在这里,安慰的语言可以非常有效地让比利回到理性思考的状态里。当独立房间里的成年人是比利认识和信任的人,并且是与他有过积极经历的人时,这种失控的情况会快速得到改善。

7.5　发展关系

回想一下从幼儿园到高中的学习生涯,你最喜欢的老师是谁? 我们大多数人都能很容易地找到这个问题的答案。但重要的一点是:为什么? 为什么这是你最喜欢的老师? 很可能并不是因为这位老师把班级管理得有多好,讲课有多好;很可能是因为这位老师的平易近人和对你好奇,他不仅把你当成一个学生,而且还把你看成一个人。

调查显示:

> "是的,我喜欢学校,因为我的老师很好,
> 她总是在那里帮助我。当我挣扎和生气时,她从不放弃我。"

在本章列出的所有激励学生的方法中,最有效的"工具"是人际关系。永远不要低估这种关系在学习环境中的力量,它是有史以来最大的动力。不幸的是,我们在课堂上教学生的许多教育方法都是与此无关的经验。

师生关系解决了地球上每个人最主要的两个恐惧:

(1)我还不够好;

(2)我不会被爱。

然而,儿童在成长过程中比成年人更需要关系来面对这两种巨大的恐惧。

当一个孩子经历的家庭生活里没有提供这一点,学校生活又加剧了这些恐惧时,结果就是学生每时每刻都生活在这些恐惧中,呼吸着这些恐惧。随着这种强烈的恐惧占据大脑的空间越大,清晰、集中和复杂的思考空间就被压缩得越小。

当你与某人关系密切时,你会有一种取悦对方的内在欲望。如果你的配偶或伴侣让你生气,你会认为他/她在回家的路上停下来是为了给你买花或是有特殊的表示吗?当然不会!但是,如果这个人与你之间充满爱,答案会不同吗?当然会。因此,师生关系是唤醒学生内在动力的关键。

如果你想提高学生的学业成绩,就要加强他的人际关系能力。这两者是直接相关的。像比利这样的孩子需要有稳定的、重复的、相关性的经历。

调查显示:

"是的,去年我喜欢学校。今年我更喜欢我的老师,因为他们理解我。"

加强师生关系可以通过几种小方法来实现,其中许多方法只需很少的额外时间:

> 在学生的桌子上留张便条。
> 多接触学生。
> 给予学生理解和同理心。
> 倾听他们,允许他们发声。
> 为他们提供支持和所需资源。
> 给予每个学生个人的关注(问候、简短的谈话、恭维、致谢、微笑、友好的眼神交流)。
> 表达一种"作为一个人,我关心你"的态度。

有示弱的意愿。分享一些关于你自己的信息(适当的信息),以表明你也是普通人,并且愿意坦露心声,不需要具备心理学的临床学位那些专业的知识就可以与学生建立起良好关系。这只需要关注、有意识并且有意愿从学生的视角来对他产生好奇。

对孩子来说,保持关系的连贯性也很重要,尤其是那些有着不稳定的破裂关系史的孩子。在这一年中更换老师对比利来说可能是灾难性的。虽然"生活会发生",而且无法避免此类事情的发生,但帮助学生与新老师重建新关系是非常重要的,如以下示例所示:

比利在三年级时的成绩相当不错,直到大约2月份。虽然有一些因素会触发他,比如要开始州考试或到了他被收养的周年纪念日,但最突出的一个影响因素是他小学老师的变化。他的老师,一位他崇拜和喜爱的老师,由于其家庭紧急情况突然被更换了。到了三月初,比利的行为变得每况愈下,他似乎已经完全倒退到学年初的时候。更换老师看起来只是教学管理中的一项解决措施,而学生们被期望的是按部就班地进行,仿佛一切都没有发生变化。于是,比利的父母去找新老师,解释了比利为什么想念上一位老师,希望有机会与新老师建立牢固的关系。于是他们达成一致,新老师下周六会在公园与比利见面,这样他们就可以一对一地见面了。比利也开始在每天上课前提前十分钟到。早上和老师在一起的时候,比利得到了帮助老师工作的机会,比如洗白板,并且还有机会和她建立更深入、更有意义的关系。仅仅两周后,比利的行为又回到了更换老师之前的状态。

当老师在学年内更换或学生在年中被转移到不同的班级时,千万不要忽视这些事件给学生带来的影响。

7.6　与父母合作减轻压力

传统上,教师以基于恐惧的方式,利用父母与孩子的关系来激发孩子的积极性。老师对比利说:

"如果你没有完成作业……"

"如果你不守规矩……"

"如果你没有集中注意力……那我就给你父母打电话。"

这种打电话给父母本来是一个通过关系的影响来激励孩子的大好机会,现在却是试图通过关系的威胁来激励孩子,所收到的效果是完全不同的。

对安迪来说,威胁打电话给父母通常是有效的,因为他和父母有健康的关系。他关心他们以及他们对他的看法。安迪内心深处想取悦父母,所以他对这种威胁做出了正向回应。

然而,比利仍在努力与父母保持距离,以保护自己免受亲密亲子关系的伤害。威胁打电话给父母实际上促进了他与父母的紧张关系,让他更加远离父母。父母的反对不会在比利身上引起积极的反应,事实上,这只会让比利更加远离他的父母。这就是为什么比利在这种威胁下可能会增加他的负面行为的强度。

在某些情况下,比利实际上是在试图得到父母的认可。在这种情况下,给父母打电话的威胁会点燃他的压力反应系统。他害怕如果得不到父母的认可,他会失去父母。领养和寄养的孩子永远生活在恐惧中,担心他们的父母会轻易地放弃他们。他还没有发育完善自己的情绪压力调节能力,这会让他产生更多的消极行为,他也可能会失控,他维持自我调节的能力将受到严重挑战。

学校需要与家长合作来帮助调节比利。当比利生气时,在压力反应状态里,老师无法帮助比利有效调节,但他可以建议比利给他的妈妈或爸爸打电话。比利花两三分钟通过电话连接就足以帮助他回到正轨。

对于许多学生来说,每天打电话给家长作为一种积极的措施,是帮助他们中断压力模式的一种有效方式。比利的系统不适合在学校环境中面对六个小时的压力,他的承压能力窗根本没有那么大。在这六个小时内允许他休息一两次,让他能够重新开始,在行为问题出现之前,给他一个可以调节自己的时刻。

如果可能的话,大多数成年人都会在工作日与他们的另一半联系。事实上,如果不联系,到家时可能会听到:"你今天为什么不打电话给我?"这是一种健康的处理机制,可以将我们的一天分成小块,并穿插一些联络的空隙。

允许比利这样的孩子给父母打电话,是与之相处的体贴他的一种方式。当婴儿学步时,他们的活动能力会增加,但他们的调节系统尚未完全发育。在这一发展阶段,他们会离开父母去探索周围的环境。这些早期的探索行为是重复性的,给了孩子一个独立练习自我调节的机会,但这也给了他与父母重新调整的机会。

我们需要为比利重新创造这种断断续续的方式。给他一个独自在学校待上几个小时的机会,然后允许他打电话或发短信给父母,让他与父母重新调整,这是为了通过练习能够让他完全自我调节。最终,比利将不再需要这种间断性的重新连接,而且能够撑过整个上学日。

以下是一位父亲与九年级的"比利"在学校通过电话互动的故事:

当比利感到不安时,他的感觉系统会加速,上课会变得很困难。辅导员前几天打电话跟我说比利拒绝上课。在和我通电话时(比利知道我在听电话),辅导员再次问比利是否愿意回班。我听到比利回答:"不,我很确定我不回去。"我要求和比利谈谈,帮助他冷静下来,并与他连接,感受他的挣扎。谈话内容如下:

爸爸:"怎么了,伙计?"

比利:"我头痛,它正在刺穿我的大脑,所以我不会去上课,故意让自己更加痛苦。"

爸爸:"听到这个消息我很难过。"

比利:"没有人能阻止我整天坐在这里。"

爸爸:"你说得对。"

此时,我们静静地坐着。这不是"你有麻烦了"的沉默,而是"我在这里只是为了爱你"的沉默。过了一会儿,我继续说:

爸爸:"我现在能为你做点什么吗?"

比利:"我可以请你来接我,但我知道你不会。"

比利知道我的"巴顿将军"。他需要在学校学习如何管理自己,除非情况非常紧急,否则我不会来接他。我们结束了谈话,我没有试图控制他,而是鼓励他进行调节并重返课堂。然而,他没有回到课堂,那天剩下的时间都坐在辅导员的办公室里。当他到家后,他骑上自行车,骑了 30 分钟。此时,大多数家长都不会允许孩子这样做,但我知道他需要时间和过程来摆脱他的压力。第二天早上,我去叫醒他,他对我说:

比利:"我告诉过你,我再也不回学校了。"

爸爸:"我明白这很难。但记住,你需要离开。待在家里不是一个选择。"

比利准备好上学了,一整天都没有遇到任何阻力。我知道,通过给他支持和保持必要的界限,不试图强迫或控制他,是他发展内在自然动机所需要的。他在学校里度过了一年美好的时光。自这起事件发生以来,他一直没有拒绝参加任何课程。

第八章　过渡时期

Change has a considerable psychological impact on the human mind. To the fearful it is threatening because it means that things may get worse. To the hopeful it is encouraging because things may get better. To the confident it is inspiring because the challenge exists to make things better.

变化对人的心灵有着非常大的影响。对恐惧者来说，它是一种威胁，因为它意味着事情可能会变得更糟；对希望者来说，它是令人鼓舞的，因为事情可能会变得更好；对自信者来说，它是激动人心的，因为挑战的存在是为了让事情变得更好。

——金·小惠特尼（King Whitney，Jr.）

"过渡"一词被定义为"从一种形式、状态、风格或地方到另一种形式、状态、风格或地方的旅程"。它是从 A 点到 B 点的运动。当孩子不得不转变的时候，我们自然会支持、培养和保护他们。"萨利，当我们穿过这条街时，握住我的手。""约翰尼，当我们穿过商店时，抓住手推车。"

成年人有责任保护和教导儿童如何成功地完成过渡。然而，当儿童面临的某些过渡远远超过其发育不全的神经系统所能处理的情况时，成年人保护系统却可能无法帮助儿童。因此，我们会有儿童经历早期的过渡性创伤。从国际孤儿院领养的儿童被熟悉的成年人带给完全不熟悉的成年人；寄养儿童被一个寄养家庭转移到另一个寄养家庭，与他认为"不可靠"的成年人在一起；一个孩子在很多家医院的不同科室接受数次痛苦的治疗，他无法控制那些医生对他所做的事情。这类事件会影响孩子在以后的生活中面对过渡经历的恐惧反应。这种影响可以在主要和次要的过渡经历中表现出来。过渡本身的类型或程度并不是问题，问题是过渡经历产生的恐惧。我们的大脑依靠历史的经验来判断现在是否安全。比利过去的变化经历是消极的、有害的，因此改变未来将是负面的、有害的。

8.1 传统观念

传统上,孩子们被要求做大人让他们做的事,并极少产生反抗和抵制。虽然这个概念通常是合理的,但却忽视了一点,那就是成长过程中有过渡性创伤的孩子不能简单地做他们被告知的事。

像安迪这样的孩子,在他生活的阶段变化过程中得到了保护、安全和支持,这使得他容易遵循成年人的指示。安迪相信自己是安全的,不安全的想法在他的头脑里是不存在的。

当像比利这样的孩子拒绝起床去上学,或者在从教室转到音乐课室就变得调皮捣乱时,他就会被视为叛逆或懒惰。传统的解释是关注结果的。从 A 点到 B 点的移动只是目标,没有考虑为什么像安迪这样的孩子可以完成这一点,而比利却不行。

与学校有关的重大转变对每个孩子来说都是比较难的事情,包括安迪,这是里程碑时刻。这些转变包括返校时间、小学升初中以及高中毕业到社会。虽然这些事件应该被认为是学生的困难时期,但不太明显的过渡时期也需要被看见。

8.2 课堂管理

当较小和不太重要的事件发生时,我们经常会认为这是课堂管理的一部分。"课堂管理"这四个字意味着,我们会将一群人的行为以同一种模式来管理。从群体的角度来看,转变被视为一个过程,很少考虑学生个体的需要。这种方法适用于安迪的课堂。然而,当使用这种方法来控制比利的时候,他的神经系统不会做出同样的回应。

过去,我们用来帮助孩子们完成过渡时刻的管理技术是使用"注意力捕捉器"。注意力捕捉器的设计是为了"捕捉"学生的注意力并引导他们完成下一步。拍手、吹口哨和灯光闪烁是常用的方法。然而,这些感觉信号实际上会恶化患有创伤的儿童的过渡状态。因为创伤常常会使神经系统压力过载,所以无法有效处理强烈的感官刺激。结果是,比利已经敏感的神经系统无法负荷这些注意力捕捉者,而产生了负向行为,这恰好证明了他的超负荷状态。

时间警告实际上是被用来给孩子们预留时间,为了即将到来的过渡做好准备。然而,许多有创伤史的孩子的顺序思考、组织和处理想法的能力受损,他们的时间感有限。例如,如果老师指示全班同学清理并给他们五分钟的时间来做这件事情,比利将面临两个难题:第一,他不知道五分钟有多长,在他的观念框架里,这是个太模糊的概念,他无法将其概念化;第二,比利杂乱无章的思维本身无法理解,关于"清理"这件事情,他需要做什么。

人们期望比利像安迪一样思考,更大的比利尤其应该知道他这个年龄通常要完成的正在进行的任务。结果是,老师感到很沮丧,对比利产生了痛苦的误解。("这对其他孩子很有用,所以一定是比利没有听或遵守规则。")然后,比利会因为他不能完成的任务而受到惩罚,而不是因为他不愿意完成的任务而受到惩罚。

8.3　新的观念

在孩子正常的成长过程中,他经历了从婴儿期到成年期的生理、心理和情感变化。孩子从依赖状态发展到自主状态。当像安迪这样的孩子在最佳环境中成长时,他有机会依次掌握每个发展里程碑,他的自我调节和适应世界不确定性的能力使他能够适应学校环境的要求。

当一个孩子的生活因创伤性经历而中断时,他的正常发展过程就会变得支离破碎和不完整。结果是一个孩子对不确定性和变化异常敏感。当他的生活被中断时,当变化发生时,比利会感到痛苦。这一模式为比利制定了一套程序,这套程序左右了他如何处理(或不处理)现在和未来的变化。

调查显示:

"在固定的日子里保持不变。"

在学校环境中,这等同于一个词:过渡。比利将面临从 A 点移动到 B 点的挑战。创伤会导致黑白思维。因此,对比利来说,所有的变化都等于痛苦,不管变化是多么的小,时间是多么的短。比如,从一个教室移动到另一个教室,从一个教室移动到另一个专门的场地,在一天开始的时候走进教室,从数学作业转到科学作业,或者离开自助餐厅回到课堂,像这样简单的变化,在比利看来,都不是简

单的改变,因为任何改变都会带来灾难。

在过渡期间,不要将比利视为坏的或有破坏性的,必须要理解比利对变化很敏感,比利需要帮助才能认识到变化是安全的。从他的积分表上扣分不会纠正他的行为,只会加剧他对过渡的恐惧。

比利在过渡时期需要支持、理解和连接,以重新对他的系统编程。当他能够经历积极的过渡时期时,他将学会如何依靠自己来完成这些过渡。如果要求他目前像安迪一样有能力,则只会让他离治愈和改变更加遥远。

记住,创伤往往是在身体神经系统的正常运行中发生的超负荷运载(压力过大)。要使身体摆脱这种压力,需要缓慢而有条不紊地进行调节,最终回到平静的状态。例如,如果有人体温过低,则需要缓慢而有序地给身体重新升温。在这种状态下,过快地升高身体的核心温度会导致严重的永久性损伤甚至死亡。对于那些生活在由过去的创伤引起的敏感、高度唤醒或低度唤醒状态中的孩子们来说,他们需要大量帮助和支持,才能缓慢地走出这种状态。在创伤愈合中,采取一小步一小步使神经系统稳定并恢复到更自然的平静唤醒状态的过程,称之为“滴定(titration)”。

在学校环境中,比利也需要同样的方法。任何过于突然、具有挑战性或费力的事情都会适得其反。在改变时,他们需要支持,他们需要被支持着一点一点地往前走,直到他们学会自己如何去应对。

比利有几个关键的过渡时期需要被支持,这些时刻包括更换教室和科目、食堂时间、课间休息、校外参观、放学前后、学年开始、学年结束、假期和高中毕业。在这些过渡时期内,尤其需要为他提供强大的、稳定的和可预知的外界调节能力来支持他缺乏的内在调节能力。

8.4　教室/科目转换

从一个教室转到另一个教室和从一个科目转到另一个科目是学校环境中存在的两个典型的过渡例子。对于小学生来说,换教室通常是从教室转到艺术、音乐或体育等特殊领域;对于中学生和高中生来说,就是每天通过拥挤喧闹的走廊转到六个不同的教室。

调查显示：

"我总是在排队时遇到麻烦，因为同学们打扰了我。"

在小学，从一个教室到另一个教室的过渡通常是有序的，并由老师控制。排成一列的队伍确实提供了有序的规则，对于像安迪这样的孩子来说，这些转换过渡不是问题。然而，像比利这样的孩子，他们认为任何转变都是一种威胁，在经历这些过渡时刻时，他们通常会挣扎并表现出消极的行为。他们以往在过渡期间受过伤或不知所措的经历，形成了现在和未来对于过渡事件的印象，他会预设这些事件都会带来危险的体验。

创伤使大脑处于一个简化的框架中。比利的简单化，使他无法区分一个过渡是"好的"，还是"坏的"。他有一个预设：就是所有的过渡都是坏的。直到有了一些治愈之前，恐慌将是他的第一反应。因此，比利们学习如何开发灵活性以处理这些转换过渡，显得更为重要。下面有几条建议。

调查显示：

"让学校的老师和其他人早上向我们打招呼，
好像他们很高兴见到我们一样。"

8.4.1　问候每个学生

与每个学生建立联系是帮助学生成功过渡的最有效的方法之一。无论是早上刚到学校还是回到教室，每次学生回到教室，都应该向他打招呼。传达给学生的信息是："你很重要，尤其对这个班级很重要，欢迎回来。你们在一个安全熟悉的地方，我在这里保护你们的安全。"

称呼每个学生的名字也可以传达这样的信息：他是独一无二的，是这个班级大家庭的重要一员。"早上好，比利"比"早上好"更能深入比利的内心。正如戴尔·卡内基所说，"记住，称呼一个人的名字对这个人来说是最甜美、最重要的声音。"

8.4.2　课前准备

提前为过渡做好准备。关注时间、停止所有工作，并说明两分钟后铃声会响起。很多时候,在最后的两分钟里挤满了最后一分钟的指令和作业,这些指令和作业只会唤醒比利的紧张的神经系统,在过渡时刻还未到来时,他就产生了失败的感觉。在这两分钟内,营造一种平静的气氛:

> ➤ 调低灯的亮度。
> ➤ 引导学生深呼吸。
> ➤ (为小学生)唱一首歌。
> ➤ 每次铃声响起之前,播放一首舒缓的歌曲(或歌曲的一部分),它会为身体提供自动放松的信号。
> ➤ 向学生们表达他们对你有多重要(不管那天全班表现如何)。

调查显示:

"当我的老师和我在一起时,我感觉好多了。"

8.4.3 提供帮助

提供帮助可以减轻学生的压力。让比利排在队伍的前面或者后面,靠近一个成年人。可能比利排在队伍的后面会感到更安全,因为这样他就能看到所有人,这就最大限度地减少有人从他后面走过来伤害他的意外。如果是中学生或高中生,那么让比利和老师一起穿过拥挤嘈杂的走廊去上下一节课的教室将是一个理想的解决方案。然而,这可能会带来毁灭性的社交影响。所以,为比利提供像安迪这样的安全同伴的支持,也可以提供比利所需的支持,以减轻他在走廊上的压力,而不会产生负面的社交影响。

调查显示:

"还有别的东西会让我想站起来,
如果我需要帮助的话,学校里有我的朋友在那里支持我。"

8.4.4 使用音乐和歌曲

音乐可以使右脑平静下来,右脑是大脑中对压力最敏感的区域。为过渡儿童唱的歌曲可以有效地帮助他们接受变化。《大扫除》这首歌,一直以来都是最受欢迎的歌曲之一。整堂课唱这样一首歌可以帮助比利感受到支持,同时也可以让他的大脑平静下来,提高他的安全感。这里有一个很棒的资源是"教学歌曲:用音乐促进学习"(www. songsforteaching. com/transitions. htm),它为学校的每种过渡类型都提供了大量的歌曲。

8.5 利用午餐时间

研究表明,美国一些学校食堂的噪声高达 85 分贝。这相当于割草机的噪声。在学校食堂里坐上 20 分钟,这样的噪声会影响孩子调节和处理超负荷感觉的能力,即使像安迪这样的孩子也是如此。

调查显示:

"在教室里吃午饭,老师整天陪着孩子们!

原因:因为闹剧是从午餐室和休息时开始的!"

安迪的系统是灵活的,这使他能够离开自助餐厅,回到教室后重新调整他的系统。安迪进入教室时有点激动,但仍然能够坐下来专注于手头的下一项任务。比利的神经系统没有这种能力。比利回到教室时,他的系统继续"高负荷"运行,好像他还在自助餐厅。解决方案是通过支持性和主动性措施帮助比利进行调整:

➤ 午餐时,老师和全班同学一起吃饭,并坐在比利旁边,帮助他进行调节管理。虽然这通常是老师休息的时间,但许多老师更喜欢这一选择,因为它可以确保下午更轻松,因此投入精力和损失空闲时间是非常值得的。

➤ 在离开自助餐厅之前,老师指示全班同学在返回教室之前一起做两次深呼吸。

➤ 在回到教室的队伍中时,比利和老师排在队伍的最前面,或者老师的助手站在比利旁边。助手或老师向比利简短地询问:"嗨,比利,我们现在要回教室了,你好吗?"

➤ 让教室的灯光保持昏暗,这样当学生走进教室时,教室就会提供一个安静的环境。老师指示学生再做两次深呼吸,当学生的压力水平似乎恢复到正常水平时,慢慢地打开灯。

➤ 如果采取了上述措施后,餐厅对比利来说还是有严重的影响,那么可以给比利提供一个单独吃午饭的地方。选择一个安静的地方(如图书馆或指导办公室),让比利和他信任的成年人一起吃午餐。这一对一的时间可能正是比利所需要的,为他提供足够的调节水平来度过学校下午剩下的时间。

8.6　调节休息方式

对一些孩子来说,游戏和社交时间与学习一样紧张,尤其是在课间休息的时候。操场是一个很大的开放区域,有许多孩子同时在各种活动中玩耍,很少有人监督。这会产生很多不确定的事情。像比利这样的孩子只能依靠他们自己的系统(这些系统还不成熟)来适应这种环境,他们不知道会发生什么,感觉不安全,而且很可能有过糟糕的游乐场体验,这会让他们对这种环境产生消极的看法。

然而,具有讽刺意味的是,像比利这样的孩子很可能更加需要休息来"发泄情绪"。因此,现在我们有一个孩子需要休息,但却被休息带来的压力压垮了。在过渡时期提供的帮助下,在操场上安放一个有足够的调节能力的成年人,也能够收到效果。一些学校已经指派了一名"课间辅导师"来帮助监督和组织学生课间的活动。以下是一些在课间休息时提供过渡性帮助的想法:

> 课间休息前,老师要确保比利了解班级的下一步工作方向以及他们要如何进行。

> 比利和全班同学都知道下课后会发生什么。即使三个月以来一直按着这套程序进行,但仍然可以给比利提供可预测性的有效信息。

> 比利有权选择在操场上不知所措时该怎么办。他没有感到无能为力或无助(并表现出来),而是有办法获得资源。这可能是因为在操场上与一个安全且有情感联系的成年人在一起。让他休息一下,喝点水,做些深呼吸,或者选择一种身体调节的活动,比如荡秋千。

> 比利可能需要一个较小的场地来玩耍。在操场上划出一小块区域,形成更多的物理隔绝,这将减轻他的压力。一旦他感到安全,这个空间就可以逐渐扩大。

> 如果比利在操场上,则成年人可以帮助他慢慢过渡到游戏中,与比利互动,帮助他适应环境的变化。通常,孩子们一到操场,就会像野马一样跑开,这对比利来说太唐突了。如果给他更多的过渡时间,让成年人帮助他

适应跳绳或旋转木马等活动,他就有更多的机会获得积极的体验。

➤ 到了清理和收起球及其他娱乐设备的时候,比利可能不完全明白这意味着什么。当老师说:"五分钟后我们需要排队。确保你现在正在做需要做的事情,这样我吹哨时你就准备好了。"比利的大脑无法理解"准备好"意味着什么。他可能需要一个成年人一步一步地引导他完成这个过程,通过经验教会他自己如何最终做好准备。

➤ 当让孩子们对休息或图书馆这样安静的环境进行选择时,有些孩子实际上选择了图书馆,因为图书馆平静、安全。尽管体育锻炼有好处,但有些孩子需要更多的休息时间而不是玩耍时间,这样他们的神经系统才能从早上的挑战中恢复过来,为下午的活动做好准备。

8.7　降低郊游焦虑

像比利这样的孩子,在野外旅行的前一天变得更具破坏性是很常见的。老师通常会以威胁和惩罚的方式回应他:"比利,如果你不守规矩,那你明天就不能去野外旅行了。"

事实是,正是野外旅行激起了比利的焦虑。无论是害怕去一个新的地方和改变他的日常生活,还是纯粹的野外旅行的兴奋,都可能使他无法适应。然后,老师基于恐惧的惩罚性言论对他引发了更大的威胁,因此他继续做出消极反应。他没有能力切换到平静状态并变得顺从。当比利被禁止去旅行,并且第二天被留在了学校时,讽刺的是,这正是他所需要的。比利创造了他正在寻找的安全方案,他在传达野外旅行对他来说影响太大了。对于一个没有发展出能够支持他完成野外旅行这项活动的调节能力的孩子来说,这是一个绝妙的应对方案。

安迪和比利对野外旅行看法的差异是需要得到承认的。安迪对这次野外旅行感到兴奋,比利害怕野外旅行;安迪有一个相对完善的调节体系,以保持这种兴奋程度的自我控制,而比利没有。

在为野外旅行做准备时,传统资源为老师提供的是如何规划后勤的建议。这些建议讨论了如何根据教学经验为学生做好准备,并提供了返回学校后整合野外旅行经验的方法。然而,这些建议没有认识到学生可能需要的情感准备。如果老师实施以下策略,那么比利成功驾驭和处理野外旅行的能力将大大提高:

➤ 承认在讨论野外旅行时可能出现的各种感受(从兴奋到恐惧),这可以在整个班级的基础上完成，也可以与比利单独完成。

➤ 展示班级将要参观的地方的图片，重点放在"你将看到什么"和"期待什么"，本练习的目标是减少由未知给比利带来的恐惧。

➤ 给出一个详细的日程安排，说明这一天将如何展开。比利需要知道"下一步"会发生什么。尽可能严格地遵循这个计划是很重要的。根据野外旅行的性质，计划可能会改变，如果这样做了，老师应该向比利和全班学生告知这一变化，并帮助他们处理这一变化。老师必须认识到比利缺乏这种情感上的灵活性，而不是简单地期望比利"随波逐流"。他住在一个内部僵化的世界中，因为这里有安全感，所以当世界期望他是自发的和灵活的时，他的行为将会出现巨大的差距。

➤ 建议比利的家人在班级旅行前参观野外旅行的地点。如果比利能够在家庭系统的安全范围内访问这个新环境，那么当面对大量学生时，他就可以减少恐惧。

➤ 请比利的父母陪同野外旅行，为他提供一个他信任的成年人。如果父母无法出席，就请比利熟悉的成年人（如老师）担任组长。

➤ 让比利留在一个较小的学生群体中，这样成年人与学生的比例就小了。

➤ 在整个旅程中与比利保持联系，帮助他保持规范。在情感层面上与他保持联系。

➤ 做一个后备计划，以防前面提到的所有策略都不足以防止比利在旅途中过于不知所措。在野外旅行期间，千万不要威胁要送他回家；相反，如果他不知所措，则可以让他选择让父母来接他。当他感觉自己有一个逃生空间而不是被困时，他有更大的机会感到安全，可以度过一整天。

➤ 如果比利在前一天表现出更大的恐惧，则可以让他选择留在学校或者去旅行，他可能还没准备好去。如果有什么事情对孩子们来说太难了，孩子们会有很好的判断力。事实上，许多孩子选择留在学校，而不是作为惩罚或威胁。这可能正是他们所需要的，这给了他们时间来康复，以便使下一次野外旅行获得成功。

8.8　面对放学前后的不安

学生一天中压力最大的时间之一可能是上学前和/或放学后。早上，当孩子们在第一次上课铃响之前到达学校时,他们通常都被安置在一个开放的、无组织的环境中,比如院子里。所有学生聚在一起,他们对上课感到焦虑,同时他们之间的社交动态也给他们带来了压力。只要比利在这里待上十分钟,就会耗尽他的承压能力窗。结果是,当他进入第一堂课时,当他的神经系统被铃声震惊后,他离崩溃点就只有几分钟甚至几秒钟的时间了。他甚至没有内在空间来开始一天的繁重的学习计划。

放学后,拥堵区也会让比利感到不安。当一天的学习结束时,甚至连安迪这样的孩子都感到了很大的压力。从这个角度来讲,我们的学校营造了一种令人身体疲惫、精神紧张、社交焦虑的环境。老师和辅助教学的老师也呈现着相似的状态,因为他们也一直在课堂上,努力调节和维护课堂的有序进行;他们也经历了学校的自助餐厅、礼堂或操场,当经历完所有这些活动和工作时,他们的精力也被消耗殆尽了。

8.8.1 开车送比利上学

理想的解决方案是比利在上学前避免经历一个混乱匆忙的早上,因为那样会给比利带来困难。同时,比利的父母应该开车送他去学校,并在上学铃响之前,陪着比利在车里待一会儿。父母陪着比利在停着的车里度过的时间是帮助比利调节和过渡到上学状态的最佳时刻。父母可以就当天在学校发生的事情(如考试、学习的主题和社交情况)与比利展开对话;或者,比利只需要安静的时间让自己平静下来就可以。无论如何,比利都被给予了为接下来的六个小时的挑战做好准备的时间空间。

8.8.2 送比利去上课

如果比利年龄较小,老师应安排家长在第一声上课铃响前十分钟左右直接送他去教室。父母可以直接帮助比利,将他从一个有调节能力的成年人手里交到另一个成年人手里。在教室里没有其他学生的情况下,这种“移交”可以消除比利早上的大部分压力。老师可以让比利做助手,比如削铅笔、擦白板和分发试卷。这让比利有机会与老师建立关系,培养比利的使命感和自尊心。此外,当第一声铃声响起时,比利已经在教室里,当其他学生到达时,他就安顿下来了。

8.8.3 寻找庭院的替代品

如果由于父母的工作安排,比利必须提前到达学校,或者放学后需要留下来,那么请为比利找一个合适的地点。图书馆对他来说是一个极好的平静环境。对许多孩子来说,书籍是一个很好的调节工具。当比利被告知他将去图书馆而不是院子时,如何表述很关键。请不要对比利说,"你不能再待在院子里了,因为你不知道该怎么做。"表达的重点应该是基于关系并在意他的心情,比如,"比利,我们安排你每天早上去图书馆看望琼斯女士,这样你会感到更舒服,上课前你都可以冷静地看书。"

8.8.4　与有调节能力的成年人待在一起

如果上述所有措施都不可能实现,并且比利在上课前或放学后都必须在大团体的环境中,那么请选择一个有自律能力的成年人照看比利。让比利挨着这个人,如果比利是小孩子,请牵着他的手,以帮助比利在这种刺激的环境中保持稳定。这个人需要关注的不是惩罚,而是关系,实际上是用情感和身体安全来包裹比利。

8.9　做好开学前的准备

许多家长都意识到,新学年的开始是孩子一年中压力最大的时期之一。暑假期间表现良好的孩子们在新学年来临时会突然变得焦虑,并表现出他们过去的消极和破坏性的行为。相反,家长们却已经欢欣雀跃了,因为暑假结束了,他们已经为孩子重返学校做好了充分的准备。这是对立的两种状态,很难和谐相融。

即使比利回到了他的学校,对未知的恐惧仍然是一个高难度挑战,因为会有很多新的东西,比如新教室、新老师、新学生、新朋友、新科目、新规则、新期望、新背包、新鞋、新笔记本、新铅笔、新饭盒。一切都是新的,新的都是陌生的。即使是有趣的新事物,比如新衣服和新背包,也不属于熟悉的范畴,因此,它们增加了比利的压力。

8.9.1　提前与老师见面

比利需要在开学第一天开始之前提前熟悉新老师,甚至在与新老师会面会开始之前见到老师。因为参加这种活动的学生带来了高度的兴奋和期待,这通常会引发比利的焦虑。安迪在见面活动中大有收获,而比利却无法顺利参加。

调查显示：

"是的（我喜欢学校）。因为这是一所新学校，他们正在帮助我，
我有一些新朋友。校长很好。"

一些老师会对像比利这样的学生提前进行家访，以便能够在学生自己家的安全范围内与其展开初步交流。如果不能提前进行家访，则比利应该在开学前一周、老师工作准备的时间内来学校见他的老师。而这段时间通常是老师为了准备新学年而预留的时间，如果老师能花 15 分钟与比利见面，那么将会得到巨大的收获。开学前，老师在这段关系里投资得越多，比利就越有安全感，新学年对他来说就越熟悉和安全。

8.9.2 尽可能多地认识学校里的人

不将自己局限在只接触学校的老师。对于比利来说，与其他的学校工作人员见面也是很重要的，这样他就有机会在自己的班级之外发展人际关系。将比利介绍给自助餐厅的员工、看门人、接待员、图书管理员，以及他在一天中可能遇到的任何人。与校长安排一次午餐约会，与其让比利觉得校长是个让人害怕的人，不如帮比利与学校最高层的人建立关系，这反而可以为比利提供最安全的关系之一。

8.9.3 参观学校

在新学校上学时，比利需要熟悉整个校园，这包括自助餐厅、辅导员办公室、校长办公室、图书馆和洗手间。只知道他在哪里上课，并不能提供他所需要的安全级别。如果比利可以得到一张可视地图，并亲身环游学校四周，他将会变得更加脚踏实地，更有安全感。

8.10　计划好学期结束的安排

教室的全部能量变化最早可能出现在学校暑假前的一个月左右。教室的有序活动水平趋于下降，学生和老师在紧张的学年后（特别是在公立学校进行国家测试后）可能会产生不安情绪。此时，天气开始变化，因此户外活动比室内活动

更具吸引力。此外,像比利这样的孩子,有着破裂和缺失关系的经历,可能会对失去老师感到焦虑。例如,一位母亲转述说,她的孩子(上四年级)向他的老师表示,他不想通过考试,这样他就可以在第二年再次与老师在一起。

直接与比利和全班同学讨论这一转变的话题,重点关注与这一转变引发的感受。这种感受的表达有助于阻止负面行为的发生。忽视与从学校到暑假的转变相关的不安情绪的增加,可能会导致一个艰难而不开心的结局,而这本来可能是一个非常棒的学年结束。

帮助比利从每周五天、每天六小时与老师在一起过渡到零接触。这种变化对他的神经系统和心理来说都太突然了。他需要一种逐步摆脱这种关系的方法。如果老师和家长能够合作,当暑假一开始,就为比利和他的老师建立沟通的方式(电子邮件、信件或电话),慢慢地让比利脱离这段关系,而不是期待他可以突然退出,因为这最终会导致消极行为。

8.11　做好假期休息的心理预期

无论是放学休息一天,还是假期休息两周,这样的休息都会打断比利正常、可预测、有条理、安全的日常生活。进入休息时间,然后离开休息时间,对每个相关人员来说都是非常困难的,包括比利、老师和家长,尤其是离开一段有趣、放松、充满活力的时光。

由于这些休息时间是在学校日历上预先计划好的,所以完全有可能提前为比利做好准备。为休息前的天数创建一个倒计时,这样比利就可以直观地看到假期休息前的天数。与他一起制作一个纸链,作为每天倒数的一种方式。反之,比利在家的时候,倒数他回到学校的日子。比利越了解接下来会发生什么,知道他的日程安排会改变或恢复正常的天数,他就越能更好地处理这些过渡。

在家休息期间,为比利创建一个可视化的时间表,说明一天将如何展开。他必须知道接下来会发生什么,否则他可能会认为接下来会发生什么不好的事情。在了解了家庭度假计划和知晓假期会发生什么之后,比利在假期的焦虑水平会明显下降。花时间和精力向比利提供这些信息,可以让家长避免在一整天中每隔两分钟就被问:"我们下一步要做什么?""我们下一步要做什么?""我们下一步要做什么?""我们下一步要做什么?""我们下一步要做什么?"这样令人发狂的问题。

8.12 了解高中毕业后的方向

当比利进入高中时,他可能实际上表现良好并一直持续到高年级。突然间,比利的成绩从 A 和 B 变为 D 和 F。与其认为比利是一个典型的对升学有抵触的学生,不如看看这种急剧变化对孩子行为的影响意味着什么。这就引出了我们必须提出的第一个问题:"是什么导致了这种行为?"

这种挫败的行为和比利计划毕业的时间不是巧合,这实际上是比利的一个万无一失的策略。如果比利高中毕业不达标,那么他还有一年时间上高中。这相当于他不必进入"现实世界",不必面临环境的变化,可以在学校里给自己多一年的熟悉感。未知的世界离他更远了。此外,他给了自己多一年的童年时光。在家里有住所、交通、食物和基本生活必需品的基础上,比利可以让自己在家里多享受一年,这是一个绝妙的方案(从比利的角度来看)!对于比利来说,即使是脱离一个有秩序的、可预测和熟悉的环境的想法也会令他感到害怕,甚至会令他感到恐惧。——是的,非常可怕。

比利一生中面临的最大问题之一是即将失去的童年。毕业后,他将正式成为一名成年人。回到学校重新开始高年级的生活会为自己争取安迪所能得到的东西,无论这种想法多么幼稚,都会阻止他前进。对迈向未来和进入成年人世界的强烈抵制,阻挠了他从此刻的成长。再多的哄骗、后果影响、惩罚都无法与缺失的童年相提并论。因此,传统上改变他的行为或惩罚他的尝试都将是徒劳的。

这就需要让比利的恐惧浮现出来。在一段安全的关系中,他必须有机会表达他的恐惧。比利的思维来源于大脑的情感部分,即边缘系统。所有的逻辑和推理都会遇到阻力和防御。因此,他从倾听者那里得到的回应不应该是他为什么需要毕业、他将如何成为一个成年人,以及为什么他不能作为一个免费的人住在家里。

给比利一个机会,让他表达自己,并体验到被理解、同情、宽容和接纳;对比利怀抱慈悲心,让他有机会将这些恐惧表达出来,而不是让恐惧驱动他的行为。一旦比利能够表达他的恐惧并被听到,他就有更大的能力制定解决方案来激励自己,并成为一个有能力倾听他人的解决方案的人。

比利从家中独立出来的节奏要比安迪慢。比利的父母应该与比利的顾问一起为他制订毕业后的计划。这可能包括比利住在家里,上社区大学或技术学校,从事低压力工作或志愿者工作。当比利对高中毕业后的生活有了更清晰的了解时,他的恐惧感会减少,对高中生活的破坏也会减少。

父母需要为比利重新定义他们的成年年龄。按时间顺序,比利可能已经 18 岁了,但他在情感和发展上都要小得多。因此,他还没有准备好独自生活,承担所有的责任和要求。但这并不意味着他需要在家里生活、没有责任,他有责任制订一个计划,以便最终帮助他能够独立生活。

治愈需要时间和耐心,日积月累。就像滴定一样,"滴答——滴答——滴答"作响。相信这个过程,一旦比利的恐惧消除,他将能够更从容地走向成年,而不会有太多消极的情绪体验和阻止前进的阻力。

第九章　老师要如何做

"We cannot hold a torch to light another's path without brightening our own."

"我们不能手握火炬照亮别人的道路，而不照亮自己的道路。"

——Ren Sweetland

字典将老师简单地定义为"教授或指导他人的人"。不幸的是，这一定义贬低了老师在学生生活中的角色。机器人就很容易符合老师或指导他人的定义。事实上，登录 YouTube.com，你会发现大量的教学或指导视频，完全没有面对面的人机交互。

技术可以教学，但它不能相互产生情感连接。老师给教学带来的艺术，是更模糊、更难定义的关系。仅仅将老师定义为指导他人的人，简直是对老师的侮辱，因为它完全忽略了老师最有价值的方面。老师给学生带来的礼物远远超越了他的指导能力，而他能力的关键在于他与学生建立了一种培养、信任和富有同情心的关系，这就是他最有价值的地方。

当学生投票选出"年度教师"时，如果与学生没有连接，那么，有多少老师会获得此殊荣？答案是一个也没有。选择老师获得此殊荣时，主要依据的是他们与学生的关系，而不仅仅是他们的教学水平。互联网上的谷歌搜索提供了几个典型的例子，说明为什么老师会被提名为"年度教师"：

➢ "学生喜欢他的班级，因为他能够与他们建立牢固的关系。"

➢ "她不会为她的学生做任何事也没关系。"

➢ "他很有耐心，他理解每个学生的需求。"

➢ "他与学生的关系融洽，这是学校里任何老师都无法比拟的，同时他在班级里也有权威。"

➢ "她对学生们想尝试的一切都充满热情并给予极大的支持。"

9.1　传统观念

传统上，老师被视为课堂上的权威、管理者、老板和"最重要的"人。虽然有一个强有力的领导者是绝对必要的,但老师的角色会通过对这个职位负责而变成权力中心,从而带来等级管理和统治控制。那么,本质上,老师就是课堂上的"掌控者",统治着他管辖区域内的普通平民。

调查显示:

"(学校会更好,如果)老师能在全班走来走去,
让所有的孩子都参与进来!"

这种等级结构为老师和学生创造了一种"我们反对他们"的心态。老师的流行格言——"一旦你发怒,你就输掉了这场战斗"就是一个例子。就好像教室是一个战场,老师必须在这里获胜才能维持治安和秩序。

调查显示:

"不要隔离室。当我感到愤怒时,感觉一切都在向我逼近。
一个大的空间可以帮助我更冷静。"

传统上,人们期望老师在课堂上以授课为中心,几乎没有时间或精力来满足学生的情感和社会需求。学生坐在标准化的课堂上,被标准化的钉子固定在标准化的位置上,并在不质疑权威的情况下遵守指示和规则。

这种千篇一律的做法使课堂环境失去人性,忽视了师生关系令人难以置信的力量。真正的"权力"和"控制"不是通过权威,而是通过关系影响来实现的。孩子们天生就想取悦那些与他们关系密切的人。忽视这种天生的激励因素是维持和改善学习环境的极大损失。

现实情况是,尤其是在我们所处的时代,更多的学生受到控制,没有发言权,导致有更多的学生行为不端、叛逆和辍学,尤其是像比利这样的孩子。这种传统课堂最终为比利提供了更多的时间,让他在休学、留校察看或更糟的情况下,在一个隔离的、没有学习指导的环境中度过在学校的时光。

9.2　新的观念

老师是人,学生也是人。将这两种重要力量结合起来,就形成了一种强大的

师生关系。这种关系远远超过了教育工作者为促进学生学业成就而创造的任何其他技巧。

人类是一种被设计为处于关系和社群中的物种。关系定义了什么是人类。当关系被忽视或被置于其他目标（如学习目标）之后时，学生和老师都会受到影响。所以，我们需要将关系这个概念重新融入课堂。

9.3　重新定义师生关系

实际上，课堂上比学习更重要的事情是师生关系。这种关系是核心，因为关系给比利带来了安全感。当比利被理解、被认可、被宽容和被接纳时，他就有了一个可以感受到情感上安全的机会，这将给予他力量成就他的学业（见图9.1）。

图9.1　关系带来学业成绩

如果孩子处于失控状态，并位于自下而上的情绪反应系统里，那么借助师生关系是帮助他回到正常状态的最有力的方法之一。一旦孩子平静、安全、恢复平衡，学习成绩就能够提高，因为大脑皮质正在唤醒并打开学习能力。简言之，人际关系驱动学习成绩。

传统模式只处理行为而忽略学生的情绪不稳定，已经过时。害怕"过度溺爱"导致老师因为孩子的消极行为而忽视了他，这只会给孩子一种被忽视、被抛弃和被拒绝的感觉，同时也让孩子们相信他不重要、不值得，也不特别。

调查显示：

"是的，(我喜欢学校)，最好的老师会告诉我，
一切都很好，他会陪伴我。"

通过关系上的连接，老师有机会以一种比贴纸或积分表都要好得多的方式来帮助学生进行情绪压力调节。当学生情绪低落并表现出更强烈的情感时，一个有移情能力和能够稳定地自我调节的老师，确实可以帮助学生调节他的情绪和压力，并陪伴学生转入自我调节状态，这被称为"调频"。

9.4　关系调频

调频是将一个对象的自然模式(振动、频率或节奏)主动改变为另一个对象模式(振动、频率或节奏)的过程。调频最早是在 1656 年由克里斯蒂安·惠更斯发现的。他发现,当外祖父的许多时钟的钟摆在同一个房间里以不同的速率启动时,它们最终会以相同的节奏同步。在自然界中,聚集在一起的萤火虫会相互缠绕,并以相同的时间上下闪烁。大学里的女室友在近距离居住时,月经周期也会同步。

当你和朋友坐在一起,进行精彩的谈话时,你可能会在自己的生活中体验到"调频"。你几乎知道你的朋友接下来要说什么,或者他在想什么。时间似乎在不知不觉中流逝。你们的脑电波是同步振荡的。

心脏数学研究所是这一领域的先驱。在过去的 30 年里,那里的科学家研究了心脏对大脑的影响。他们已经证明,心脏产生的电振幅是大脑的 40～60 倍。心脏的电磁场,也称为心电场,从身体外部延伸约 10 英尺。这个心场,触动着这个空间内的人,有能力影响人的情绪、态度和感觉。当两个人的关系互动远远超越了表面互动,有着更深层的连接交流时,一个人的心跳甚至可以通过另一个人的脑电波来测量。图 9.2 展示了这一概念。

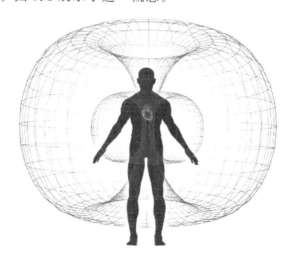

图 9.2　心脏的电磁场(经心脏数学研究所许可转载)

这种动力在师生关系中有非常强大的力量。当一个情绪稳定、冷静的老师靠近或轻轻抚摸一个情绪失调、爱捣乱的学生的肩膀时,就会发生能量交换。正是通过这种能量的互动(包括生理和心理),老师才能与学生融为一体,成为学生的外部调节者。然而,要使师生之间的这种互动是有效的,老师的情绪状态就必须是积极的。一个人的情绪状态是推动心律"连贯性"的因素。心的连贯性来自于爱、感激和幸福的状态。在此状态下,心脏跳动的波形有序且稳定。结果是相干正弦波,如图 9.3 所示。

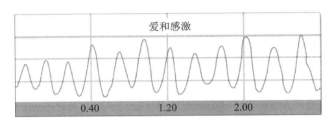

图 9.3 在爱和感激状态下的心的波形

在相反的状态下,当有人生气和怨恨时,波形是无序的、参差不齐的和不可预测的,如图 9.4 所示。这种类型的波形只会将消极和恐惧引入师生之间的互动,使情况变得更糟。

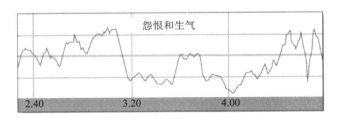

图 9.4 处于怨恨和愤怒状态下的心的波形

这才是真正存在于孩子身上的权力和控制。老师的情绪状态确实对学生有影响,而这种影响被低估或完全忽视的时间太长了。在课堂上回到基于关系的教育模式不仅是一个好主意,而且是有科学依据的。因此,老师有责任为自己在课堂上的感受情绪负责。当情绪无法被抑制时,情绪必须被看见、处理和承认,否则情绪会带来怨恨和愤怒,如图 9.4 所示。

在照顾学生的过程中,对老师而言,重要的是管理好自己的想法、反应和感受,老师的角色不仅局限于当天课堂上的传授中。关于两个人之间感情影响的证明,决定了老师在课堂上应该作为一个充满爱心和同情心的人来拓展。

9.5　用积极体验代替积分表彰

如图 9.3 所示,当老师们处在一个充满爱和感激的状态时,他们有一个强大的工具可以随时使用,即他们的身体。

9.5.1　触　摸

一个人的爱抚会产生深远的影响。触觉起源于皮肤,手是最敏感的部位之一。手上有丰富的神经末梢,对其他人的触摸反应异常灵敏。

调查显示:

"跟我的老师在一起,会让学校变得更好。"

对于年幼的学生来说,手是身体中可以触摸和握住的安全部位。握着学生的手可以放松他的整个神经系统;对于年龄较大的学生来说,适当地抚摸肩膀可以与该学生建立联系,说"你没事,我在这里帮助你渡过难关。"这是一种冷静和安慰的姿态,从身体层面上讲,可以促进该学生的自我调节。当老师在课堂上讲课和指导时,当他在教室里走来走去时,他可以轻轻地、漫不经心地抚摸比利的肩膀,同时继续向全班同学讲课。这会立即产生一种联系和调节姿势,帮助比利平静下来,而不会引起比利的注意或打断课堂。

9.5.2　呼　吸

我们低估了呼吸的力量,而老师帮助学生呼吸使其平静下来的能力也没有得到充分利用。平静身体神经系统的方法有三种:① 输入或体育锻炼;② 葡萄糖或食物;③ 氧气。在这三种方法中,最有效的是氧气。呼吸能够使人从焦虑和混乱状态转变为平静和有规律的状态。它能使人身心平静。当学生感到压力和不安时,他的身体会做出反应,比如心率加快,肌肉紧张,呼吸变得浅而快。特别是当与学生关系密切的有调节能力的老师陪伴着跟他一起呼吸时,呼吸可以直接影响这些压力的变化。老师可以将呼吸技巧纳入常规课堂教学,作为控制行为的预防措施,帮助神经系统躁动的学生平复情绪。

9.5.3 非语言交流

在交流时,重要的不是语言,而是如何表达。当孩子们受到压力时,在右脑(情绪半球)进行的非语言交流比在左脑进行的语言交流更容易被接受。研究表明,右脑储存了非语言情感信号的词汇,如面部表情、情绪语调和手势。因此,重要的不是你说什么,而是你怎么说。

当非语言交流与所传递的语言信息不一致时,比利会感到异常不安,会引起恐惧反应。例如,如果一位老师试图通过说"你没事,比利"来保持冷静和安心,但他脸上却带着愤怒和沮丧的表情,那么外表和内心是不相称的。这种不一致提醒了比利,在他基于恐惧的头脑中,他会自动得出结论:"这个人不安全。"因此,如果老师没有注意到他的非语言交流,错误的信息可能会无意中传达给比利。表9.1举例说明了与比利这样的孩子进行非语言交流的重要性。

表 9.1 非语言交流的形式

形 式	说 明
声音语气	当老师提高声音的时候,比利知道老师已经开始沮丧,他明白他将要受到威胁和伤害了
身体姿态	一个坚定自信的姿态传达"我能支持你,比利"与一个防御和愤怒的姿态传达"我不知道该怎么对待你"相比,前者能给比利带来更多的情感安全感
面部表情	比利看见老师只表现出微笑就认为老师已经对他生气了,而安迪能够更准确地解读情绪状态
手势	如果比利有身体虐待史,那么突然的手势可以解释为他即将被打
反应强度	老师的音调和音量的变化将极大地影响老师的信息是作为帮助还是威胁来被比利接收
时间和韵律	当一个孩子的压力很大时,他通常需要更多的时间来处理语言。如果老师能放慢她的演讲速度,用充满爱的节奏和旋律来表达,那么比利将有更多的机会做出积极的回应
靠近	站得离比利太近,侵犯他的私人空间,有时可能会成为一种威胁,即使目的是靠近比利以安抚他
接触	对安迪来说,温柔的触摸被理解为亲昵、熟悉、同情和其他爱的感觉。如果比利有过身体虐待或性虐待的经历,那么在压力时刻轻触会产生压力反应

9.6　文化和个人信念

通常将老师定义为"好老师"的品质是：① 善于沟通；② 善于倾听；③ 知识渊博；④ 友好和尊重；⑤ 幽默；⑥ 灵活；⑦ 耐心；⑧ 高要求。这些都是老师们显而易见的品质。

在这些基本特征的下面是一个隐蔽的、朦胧的、模糊的特征，那就是用我们的文化以及个人的观念来定义一个好老师。例如，当校长带着一名管理人员参观学校时，他特意去了教室，在那里他知道学生会表现良好。"这是布朗小姐的课。她是一位优秀的老师。她的学生都很专心。"这些类型的陈述形成了我们作为一个社会和个人的信念体系，使我们相信学生的良好行为与一位好老师直接相关；相反，一个行为不好或不及格的学生与一个坏老师会有关联。事实上，这两者很少有联系，这是一个错误的衡量标准，可能会深深扎根于老师的潜意识中，最终会给她和学生带来不应有的压力。

在这个框架内，老师头脑中的对话，无论是有意识的还是潜意识的，通常反映以下几种想法：

> "如果比利表现出色，成绩斐然，我就是一个好老师。"

> "我不能溺爱他，我会成为一个软弱的老师。"

> "我必须让比利规矩点，我不想被视为一个坏老师。"

> "如果他现在不学会规矩点儿，那么他到十六岁时就会被学校开除。这是我的责任。"

> "我必须确保他成功，否则我就是个失败者。"

为了让大家觉得她是一个好老师，这一整天下来，她处处处于压力中。当全班同学排好队经过校长办公室时，老师要确保比利不会自发地陷入崩溃以及大吵大闹中。当她的学生在自助餐厅排队时，她强调要确保学生保持他们的礼貌。在国家考试的压力下，她承受着巨大的压力，让她的学生表现出色，这样她才能被评为一名好老师。

这种将老师的素质与学生的行为捆绑在一起的、注重结果的信念体系，会产生过度的压力，这会给比利和老师带来问题。具有讽刺意味的是，在老师的心目中，这两者的关联越多，这种信念体系就越有可能增加比利的消极行为。比利承受压力的窗口很小，所以当他越是能够感受到老师有意或者无意对他的行为施加压力和提出要求时，他就越会在压力面前崩溃，表现得越消极。图 9.5 说明了这一典型场景的发展过程。

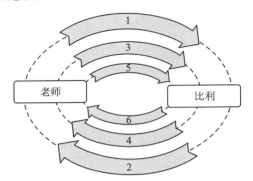

1：老师下意识地把比利的行为与当老师的效能联系起来。她就会对比利的行为施加压力。

2：比利感觉到了这种压力，由于他对压力的高度敏感性，他演砸了。

3：老师把比利的不当行为解释为她没有效能。这对她来说是一种不舒服的感觉，所以她更努力地让比利表现好，以稳定自己的神经系统。

4：比利感觉到这种压力，却无法维持自己的调节能力，他的消极行为加剧。

5：老师的感觉更糟，开始感觉到不知所措、效率低下、不值得，这让她对比利的行为更加关注。

6：比利只知道反抗，现在陷入了一个负面反馈循环，并进一步升级为他的负面情绪。

图 9.5　老师和比利之间的负反馈循环

传统上，我们要求比利是那个打破负面反馈循环的人。然而，我们不禁要问："在比利和他的老师之间，谁有更大的灵活性和更大的改变能力？"答案是老师。比利很拘束、僵化，习惯处于混乱之中。对他来说，改变意味着冒险进入陌生的世界，这点燃了他的恐惧，淹没了他的系统——一个已经处于崩溃点的系统。解决办法是老师既要改变自己的信念体系，又要跳出自我验证的框架。

首先，老师千万不要将自己的自我价值和效能与学生的行为联系起来，尤其是在教导比利这样的孩子时。如果她提供了正确的环境，建立了与学生的关系，并且理解了是什么推动了学生的行为，那么她就是在做一件必要的事情。最后，才是学生的责任——来理解和接受这些给予。她必须切断自己的能力和学生行为之间的联系。

其次，老师的责任只是管理她自己。让她感觉自己是好老师从来都不是比利的责任，那只是她的工作。虽然来自学生、同事和管理者的肯定是好的，但归根结底，证明、接纳和爱自己始终是老师自己的责任。我们生活在一个乞求他人认可我们的社会和文化中，而在现实中，我们要求为我们这样做的人，往往是那种从来甚至不会为自己这样做的人。

比利觉得自己不是一个好学生,所以让他的老师觉得自己是一个好老师超出了他的能力范围。他不认同自己(他的信念系统说他不值得,不讨人喜欢,也不配活在这个星球上),因此,他无法确认他生活中的任何成年人(父母、老师等)是否靠谱或有能力。

当一个老师知道她是一个好老师,并且对自己有信心时,她会给比利一个信息:他被无条件地接受了,并且她能很好地支持他。在那一刻,除了他自己,比利没有来自其他人的压力。这样比利就有了更多的空间、更少的压力,就能够真正朝着正确的方向转变。无条件的爱给予了他安全感,并最终能够回到大脑中让他做出正确的判断和选择,从而成为"好"学生。

9.7　觉察情绪

情绪,无论愉快与否,都是每位老师一天中不可或缺的一部分。在最近一项确定老师与学生情感表达的研究中,发现最常体验到的愉快情绪是快乐,最常体验到的不愉快情绪是愤怒。影响快乐感的最主要因素是学生成绩;相反,引起愤怒情绪的最大因素是学生的纪律问题。

调查显示:

"如果老师好一点儿,不要对孩子们大喊大叫,那会有帮助的。"

当比利在教室里时,他的老师所经历的愤怒程度通常比安迪要强烈得多。比利将展示消极的语言、不遵守规则以及缺乏驱动力,这只是因为他的天性如此。当这些动态发生在老师的课堂上的时候,老师经历愤怒的频率明显升高。

像比利这样的学生很有天赋,能把老师带到她最深、最黑暗、最原始的情感状态(即使是特蕾莎修女,如果教比利,也会面临保持冷静、充满爱心和精神上的挑战)。为了应对这种紧张的负面情绪,老师必须跳出自己的限制性信念,来掌控和处理她的愤怒。她不能让这种消极的情绪投射到比利身上或回到课堂环境中,这只会促进比利的消极行为。现实是面对有比利的班级确实很具有挑战性。然而,这绝不是老师将其失控的情绪排放回学生身上或课堂环境中的理由。

9.8 未完成事件

老师面临的挑战是保持自己的稳定和平衡状态,当与比利或满屋比利一起工作时,这不是一件容易的事情。日复一日地教像比利这样的学生,光靠自己是很困难的。然而,老师也需要注意他们的反应何时超出了合适的范围。老师有自己的成长经历,通常是像比利这样的学生能够让老师面对自己过去未解决的问题和经历所带来的"未完成事件"。

当老师从一个回应学生的模式转移到应对模式时,问题不再是学生带来的。重点需要回到老师身上,就像两个人之间的磁场一样,当一个人的反应超出了当时的激烈程度时,更深层次的事情就会被触发出来。

例如,如果一个老师在成长的过程中,从她的父母眼里感知到的是自己不够好,那么无论她多么努力,在教比利的时候,这种感受都会重现。比利只是一种方式,通过他的消极行为让她觉得无能为力,因此,老师会再次被熟悉的感觉击中,那个感觉就是她不够好。

当未解决的过去的感觉,也被称为我们的"未完成事件",在以后的生活中浮出水面时,它们将会有能力让我们处于一种过度反应和过度夸大的愤怒状态。来自当下的感觉与来自过去的感觉汇聚在一起,在几毫秒内,我们的体内就好像有一座喷薄的火山喷涌而出。由此带来的被情绪劫持的感觉,就好像一个可怕的"按钮"被按下了。曾经沉睡的最深、最伤人的记忆被打开,愤怒、对愤怒的倾泻也随之打开。于是,像比利这样生硬粗暴的孩子很快就成为了这种情绪反应的目标。然而,当这种情况发生时,更多的是与老师自己的经历有关,而不是与真正的"按钮"(事件触发者)——比利有关。

当老师感到这种反应开始在她心中沸腾时,"是什么驱动了比利的行为?"这个问题必须转向老师自己,但并不是以一种责备的方式来询问,而是以一种爱和好奇的方式来提问。老师需要问问自己:

1. "我的反应来源于哪里?"

2. "现在发生了什么,阻止了我与这个学生的情感连接?"

老师们必须觉察到,像比利这样不寻常的孩子是如何能够精准地触发他们的。与其被视为课堂上难相处的学生,不如把这个学生的需要视为课堂上最好的礼物之一。比利会成为她成长过程中的老师;他会让她超越自我,挑战自我,对自我有更深的了解,对教学有更深的热爱。当然,比利行为上存在很多的困难,他送礼物的方式可能非常有挑战性。然而,当老师结合比利的经历能够合理化他的行为的时候,她就抓住了自己内在成长和疗愈的机会,看待比利的行为就变成了允许比利每天都给予她一个新的信息,她会接纳比利,让比利觉得他是值得的,因此,比利就有机会打开学业成功的大门。

9.9　承压能力窗

正如承压能力窗(见第二章)适用于比利一样,老师也是如此。在学年开始时,在老师度过了一个充满活力的暑假后,她的窗口处于最大值(见图 9.6 的左侧)。

六周后,在与比利一起日复一日地面对挑战之后,即使是最有耐心的老师也会感到疲惫(见图 9.6 的右侧)。老师的自我关怀对与学生保持开放的连接至关重要。当我们中的任何一个人感到压力、失调和沮丧时,我们就会断开连接,空间就消失了。因此,维持以关系为中心的课堂教学要求老师要好好照顾自己。他们必须努力保持窗口的空间较大。当窗口变小时,如图 9.6 的右侧所示,老师尝试理解、接受和容忍比利的行为是非常难的。

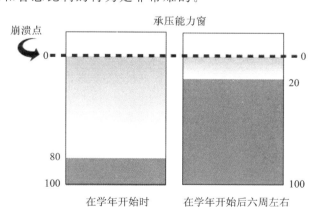

图 9.6　老师的承压能力窗

这与老师有多自律、不屈不挠或坚韧不拔没有关系。当老师疲惫时,她就是精疲力尽了,没有办法给予自己和比利更多的情绪能力。比利会感受到老师的窗口在变小,这会增加他的唤醒系统。他会对此做出反应,他开始害怕,感觉自己生命中的另一段关系要失败了,这种感觉会触发他体验到被抛弃、被拒绝和被遗忘的感受。这会引发比利的负面行为,他将再次陷入恐惧、崩溃和痛苦的深渊。

9.10 保持情绪调节能力的解决方案

老师的天性使她倾向成为一名照顾者。虽然这是一个很好的特点,但大多数时候他们都会忘记照顾自己。有时更大的问题就是他们从未允许自己照顾好自己。如果你是一名老师,你首先需要照顾好自己,然后才是你的学生。这不是自私,这恰恰是无私奉献自己的方式。你无法给予你没有得到的东西,照顾好自己才能照顾好你的学生。

调查显示:

"和蔼的老师,声音优美,即使你让他们不高兴,
他们也会保持冷静,声音平静。"

如果你是一名老师,这里有一些指导方法,可以确保你保持稳定情绪,并能够为你的学生留下一个充满爱的空间。

9.10.1 提出正确的问题

在大窗口中保持调节能力的最佳方式之一是,以一个理解的视角看问题,使用比利的角度观察比利的行为。问一个正确的问题,"是什么驱动了比利的行为?"可以让你换上一个充满爱的视角。当比利的行为"有意义"时,虽然挫折感水平仍然很低,但那里却有了建立关系的空间。

9.10.2 寻求支持

当你需要支持的时候,你不需要独自面对。有时候你需要在身边寻求并创造支持来获得帮助,来自专业的辅导人员的支持也可以带来积极的影响。老师需要专业人员的支持,他们需要了解创伤对儿童生理和大脑的影响。与其评价或者质疑作为老师的能力,不如与大家一起面对,这样才是我们所需要的。

9.10.3 认可你自己

将你的学生的成就和行为水平与你作为一名老师的效能相剥离。当你和比

利一起工作时,请将"这不关我的责任"一直印在你的脑海里。这是来自于比利的成长历史,不是你的。如果你不承认自己是一名好老师,别人也不会相信你是一名好老师。当你对自己有信心时,别人会以不同的方式看待你,也会看到你的长处。记住,穆罕默德·阿里告诉每个人他是最伟大的,他就成为了最伟大的。相信你自己,活在自己的心里,并且知道你是最好的就已经足够了。

9.10.4　在学校照顾好自己

在学校期间,花点时间呼吸,放慢速度,放慢、放慢,尤其是当你因要完成一项教学计划而倍感压力时,放慢会变得很困难。但现实是你越慢,你的学生就越容易处理他接收到的信息,而不会不知所措。这样做也会帮助你控制你的神经系统。如果你在教室里得到支持,就会有人替你分担,让你的学生知道你需要一段"暂停"时间让自己平静下来。这是一个很好的方式来为你的学生树立个人责任感。要吃健康的午餐,不要跳过午餐,补给你的身体,让你的身体保持正常。当你的学生上体育课或音乐课时,花五到十分钟冥想或呼吸新鲜空气,而不是把全部时间花在教学计划和批改试卷上。当你有空的时候,听听能让你平静下来的音乐。补充足够的水分,保持水分是使你的能量水平保持在巅峰状态的最好的方法之一。

9.10.5　在校外提供自我关照

照顾好你的身体——你最老的朋友,善待它。锻炼可以降低你的内在压力水平,同时升高你的能量水平。在你的生活中添加一些有趣的、给你带来乐趣的、有意义的活动。此外,与不属于学校环境下的朋友保持联系。如果你整天都在处理创伤,那么你就必须让自己与"真实"世界保持联系,在这个世界里,人们思维清晰,情绪稳定。

9.10.6　理解创伤

神经科学的领域每天都在发展,可用的信息也在不断地扩展。让自己了解创伤如何影响孩子的神经系统,以及创伤带来的影响会在课堂上有什么样的表现,并了解最新情况。保持自我调节和耐心的最有效的方法之一就是理解。阿尔伯特·爱因斯坦(Albert Einstein)说得最好,"和平不能靠武力来维持,和平只能通过理解来实现。"理解是老师在不断发展方面的关键力量。

9.10.7 爱你自己

对你的学生来说,你就是礼物。爱你自己的能力、认可你自己至关重要,而不必要求你的学生这样回报你。你教室里的比利没有能力回报你。有时候,在那些特别困难的日子里,你需要深入挖掘自己的内心,敲打自己内心的井,倾听内心肯定的声音,让你知道你是一位好老师,你正在做着令人惊叹的工作。别指望比利的行为会给你带来你应得的成绩,只有足够地爱你自己才能让比利成为比利。请记住,比利的生命责任与你无关!

第十章 作业如何布置

"I like a teacher who gives you something to take home to think about besides homework."

"我喜欢除了布置家庭作业以外还会给予我思考的老师。"

——莉莉·汤姆林（Lily Tomlin）

"如果他们现在不学会做家庭作业，他们就进不了大学。"这是一位老师对家长解释家庭作业必要性时说的话。她坚决要求班级里的孩子们学会对自己负责和自律。高中老师或中学老师持有这种说法也许是可以理解的，难以理解的是这来自于幼儿园老师。这就相当于一个五岁的孩子在学校待了整整六个小时之后，回到家里还要做作业。

调查显示：

你认为家庭作业能帮助你学到更多吗？

"不，这会占用我和家人相处的时间。"

从幼儿园到高中，家庭作业对于孩子们来说已经是平常的事情了。家庭作业被当成一种纪律方式，通过它可以建立良好的学习习惯和培养良好的性格。老师可以用它来补充因学校有限的课堂时间而无法完成的学习资料，以及巩固学校课堂中学到的知识。家庭作业旨在促进学生的主动性、独立性和责任感。

虽然家庭作业背后的思想和想法是有良好的意图的、合乎逻辑的和合理的，但它将大部分学龄儿童都弄得精疲力尽。如果放学后把摄像机带到 10 万户人家，拍下作业时间发生的事情，会看到什么呢？是理智的严格要求自己还是叛逆的混乱？如许多父母所言，你看见的将是后者——叛逆的混乱。事实上，这是孩子们进行的任何其他活动都无法比拟的混乱。你会看到比利大喊大叫、撕毁他的作业，会看到他乱扔铅笔、书本，眼泪汪汪地哭喊和威胁："我恨你——我不做作业，你也不能强迫我！"比利宁愿去看牙医也不愿做作业。除了看到比利表现出消极的行为之外，你还会看到父母也达到了他们承压能力窗的边缘。你会看到父母回到两岁孩童的状态,因为他们已经发怒崩溃。

调查显示:

你认为家庭作业能帮助你学到更多吗?

"不,家庭作业会造成压力,压力会导致噩梦。"

家长们可以在文章和书籍中找到新的词语,如"家庭作业压力"和"家庭作业战争",以寻求这一困境的答案。大多数专家的建议都集中在如何让孩子们完成他们的功课上,关注的是孩子们带着他的作业走进教室交给老师时的效果。

"作业"/"压力"和"作业"/"战争"这些词语的结合值得我们思考和探索。这些词语的并列不可能激发孩子对学习的热爱。第一,我们从科学研究中知道,压力会导致短期记忆丧失。压力荷尔蒙分泌过多会对大脑产生不利影响,并会阻止大脑建立新的记忆或访问已有的记忆。当压力过大时,人不可能能学习。第二,战争意味着有人胜利,有人输。当家庭作业变成一场战争时,每个人就都输了,没有赢家。学习应该是有趣的,而不是为了生存而进行的冲突或斗争。

10.1　传统观念

传统上,美国各地学校的家庭作业政策都是以高度僵化和充满恐惧的方式制定的。其详细描述了严格的政策和程序,以确保学生完成校外作业。例如:

"每天晚上都会安排各个科目的家庭作业,包括周末、节日和假期。如果家长被告知或相信他们的儿子或女儿没有晚间作业,家长首先要做的不是听取学生的解释,而是立即给学校打电话!完成家庭作业是学生、家长和老师的共同责任。如果家长发现家庭作业上的问题,请尽快与校长沟通。此外,如果家庭作业没有完成或完成不足,学生家长将被老师叫到学校。学生继续完不成作业或者不交作业将被扣分,影响学生的最终成绩。"

通常,布置作业所选择使用的语言是强迫的,会引发一种"我们"(学校)与"你"(学生)对立的感觉。正如上面的例子所示,它实质上是压制性的,显示出的是一种力量和控制。学生接收到的是一条带有恐惧性的信息:"不要试图不做作业,因为我们会抓住你的。"

传统的家长指导孩子做家庭作业的方法通常遵守的是理性逻辑的程序,这包括控制看电视的时间、确定具体的家庭作业时间、与孩子一起计划家庭作业时间表，以及仅在完成作业后才被允许有空闲时间。

教育家们非常重视责任和家庭作业。这两者紧密地联系在一起，仿佛它们是一个整体："孩子们需要尽早知道家庭作业是一种责任，其他一切都是一种特权。"这种传统观念认为家庭作业优先于课外活动，如音乐课、武术或社交活动。布朗大学的一位教育家就代表了许多儿童教育家的心态，她说，完成家庭作业是孩子最重要的工作。她说，"对于那些把课外活动放在家庭作业之前的家长，他们的做法是反的。"

育儿专家，特别是那些专门研究有创伤史的对立儿童的专家，强调确保家庭作业从一年级开始就 100% 由孩子负责的重要性。在传统观念中，人们认为像比利这样的孩子会有意识地战斗和反抗控制。因此，当父母为家庭作业争吵时，孩子会自动地与之斗争，什么也做不成。相反，这些专家建议家长不要过多地在写家庭作业的过程中承担责任。他们相信当孩子学习到不做家庭作业的自然结果是自动零或 F 时，孩子就会通过努力来进步。这个孩子努力的过程被认为是建立孩子自尊的一种方式。此外，孩子们"必须相信的事实是，教育对他们成年后的成功至关重要，他们的大脑必须经过锻炼才能正常发育。"

帮助在解决家庭作业上挣扎的那些家庭的专家以往会建议父母和孩子之间签订一份合约。合约由父母和孩子共同参与制定，一份保存在孩子学校的档案中，一份由孩子的家庭保管。

一些关于帮助孩子做家庭作业的书建议家长只有在父母不生气或不对孩子感到沮丧时才给予帮助。他们还建议，只有当孩子能够描述老师的指示时，家长才给予帮助。这是为了明确孩子理解关注老师的重要性。还有一些书建议家长要严格遵守"先工作后玩耍"的规定，没有例外，而且这些规定要实事求是地执行。

一些从传统观念出发的专家建议，为了防止孩子依赖父母，父母应该避免孩子做作业时坐在桌子旁的习惯。（"如果你的孩子需要你陪他坐着，那就有问题了。"）这种观点还强调家长不应该为孩子做家庭作业，因为当这种情况发生时，孩子会错过家庭作业的重点，即"家庭作业是为了练习，这意味着你可以犯错误。"

10.2　新的观念

10.2.1　大　脑

如前所述,大脑皮层赋予我们更高的认知能力,如唤醒、注意力、计划、记忆,以及调节适当社会行为(即情绪和冲动控制)的能力。对于儿童来说,这部分大脑仍在发育,至少要到25岁才能完成发育。过去10年的研究清楚地表明,压力会损害成年人和儿童大脑的这一部分。简单地说,这意味着当儿童感到压力过大时,他们无法清晰地思考。在这段时间内要求孩子做家庭作业预示着失败和挫折。

调查显示:

你认为家庭作业能帮助你学到更多吗?

"不,因为这只会让你头脑发热,没有时间休息和与家人建立联系。"

关于家庭作业的传统建议不能解释这一发现,但是基于认知的解决方案却可以。他们认为孩子能够清晰地思考自己的选择。然而,如果比利不能清晰地思考,那么规定和计划将毫无意义,当然也不会对他产生任何影响。事实上,规定和计划通常会产生更多的压力,并对比利的动机产生负面影响。

因果思维需要更高层次的大脑能力。布置传统的家庭作业的教育方式是假设一个孩子没有完成家庭作业,他就是一个失败者,这种教育方式将这两者联系起来,得出合乎逻辑的结论。它假设一个孩子会理解,他必须学习或者写家庭作业,这样就能建立起自己的驱动力。它还假设孩子想通过考试。比利已经认为自己是一个失败者,是不值得的,所以当他获得不及格的分数时只会证实他的这些信念。失败只会扩大和加深他内心崩溃的深渊,让他陷入困境,感觉自己更没有价值。

传统的布置家庭作业的方式未能考虑比利的情绪状态。它将孩子视为逻辑机器或计算机,并建议家长也以这种机械的方式做出反应。孩子,尤其是比利,不理解"如果……就怎样……"蕴含的意义。正如条件语句所示,含有"如果……就如何……"的这句话表明,如果发生了什么事情,那么其他事情就会接踵而至:

"如果我不做作业,那么我就会失败。"这对一个成年人来说可能是合乎逻辑的想法,但从比利的角度和他的大脑发展水平来看,这是无法理解的。所以,家庭作业需要基于比利大脑发育的程度,而不是因为比利大脑发育不足而惩罚他。

当我们从科学证据中知道这是一个完全正常的反应时,我们怎么能因为比利无法清晰理解家庭作业意味着什么,而继续惩罚和责怪他呢? 在一天的学习压力之后,给比利布置家庭作业施加的压力,就好像是从干枯的井里抽水一样,什么都抽不出来。

调查显示:

你认为家庭作业能帮助你学到更多吗?

"不,因为家庭作业应该是学校作业,

因为在家里你应该和家人待在一起。"

10.2.2　家庭作业

除了对大脑的研究之外,对家庭作业问题本身的研究也很有启发性。事实上,研究结果确实很惊人。英国教育研究所(Institute of Education)的研究发现,家庭作业会导致父母和孩子之间的摩擦,尤其是中产阶级家庭。在中产阶级家庭中,对孩子未来的担忧可能会导致一种焦虑氛围,即丢失了教育的潜在意义。《家庭作业神话》的作者阿尔菲·科恩(Alfie Kohn)指出:

"毫无证据表明在小学或中学布置家庭作业对学术有任何好处。事实上,对于年幼的学生来说,孩子们是否做家庭作业(或做了多少家庭作业)与任何有意义的成就之间的相关性甚至都没有衡量的标准。在高中阶段,这种相关性很弱,当采用更复杂的衡量标准时,这种相关性往往会消失。与此同时,没有任何研究证实家庭作业可以塑造性格或培养良好的学习习惯。"

研究还表明,最有效的家庭作业是"预习",即要求孩子们为即将到来的课程做预习。

10.2.3　情绪调节

当孩子们变得心烦意乱,表现出对父母或家庭作业的沮丧、愤怒甚至敌意时,他们已经抵达了情绪压力窗口。强迫比利战胜自己的承压能力窗会使他失去对学习的热爱,它还将导致失去建立牢固、充满爱心和安全的亲子关系的机会。没有任何东西值得我们牺牲爱和关系。

约翰·鲍比在其《依恋理论》著作中描述了母亲是如何作为孩子的调节者的。如其第二章所述，与孩子坐在一起，平静地接受他此刻的崩溃和发泄，孩子能够与你传递的积极能量产生共鸣，你是帮助孩子回到平静状态的"稳定器"。

与其为比利带来更多的失调和产生更多的失联，不如换种方式来思索如何能够给予比利爱和支持，相信你有力量调节比利的失调状态。

关于家庭作业的传统观点——"如果你的孩子需要你和他坐在一起，这不是好事情"——这个观点并没有考虑到对压力高度敏感的孩子难以进行自我调节。他们当然需要你和他们坐在一起。对于长期处于失调状态的比利来说，最好的解决办法之一就是让家长在作业时间和他坐在一起（只要家长能够保持平静的情绪状态），它还需要家长理解并接纳家庭作业给比利带来的恐惧程度。

对于有被遗弃、被忽视和被拒绝经历的孩子来说，面对一张作业单就像坐下来听陪审团的裁决一样紧张，就好像那张纸将决定孩子的生死。处于这种生存状态的孩子会连续数小时与这样的任务做斗争，家庭作业被他们认为是一件危及生命的事情。家长的观点——"这只是一张简单的数学题表"——无法理解这样一张数学题表给孩子带来的恐惧。这个时候，就需要家长理解并接纳家庭作业对孩子产生的重大威胁的感觉。

对比利来说，错误意味着"我不好。如果我不好，你就不会爱我。如果你不爱我，我就会死。"在面对家庭作业时，这种连锁反应完全是基于求生存的状态。如果拿起铅笔意味着你的生命随时都可能结束，你也会反对做这样的作业。

像比利这样生活在这个压力水平状态下的孩子对他们的未来毫不关心。在他们看来，他们的未来根本不存在。认为他们能够理解"教育对他们成年后的成功至关重要，而且他们的大脑必须经过锻炼才能正常发育"这些观念是不可能的，因为这些认知远远超出了他们的认知能力。

记住，比利只活在当下。他的世界非黑即白。此刻他所有的能量都用于求生存和确保他的安全上。长期规划是大脑的高阶思维，这超出了比利原始大脑活动能力的范围。期望比利具备这种思考能力来源于成年人的角度，这种期望并没有理解比利处于求生存状态下的思维方式。

10.3　解决措施

最好的解决家庭作业的措施就是停止布置作业，但这是不可能的。本章的其余部分的重点是围绕减轻家庭作业带来的压力提供可能的解决方案,同时帮助比利在这些压力时刻进行自我调节。

10.3.1　向比利学习

学生是最好的老师。当你对比利的作业感兴趣时,你就是在向他传达这样一个信息:他所学的东西很重要。这也是一个与比利世界连接的机会,也是一个经常会被我们错失的机会。当父母靠近孩子的世界时,孩子会感觉自己很重要、很特别以及是被爱着的,这可以与孩子建立牢固的情感基础和安全的依赖关系。

10.3.2　帮比利进行调节

教比利如何做深呼吸,使他的神经系统平静下来。与他一起休息,打断比利的负面情绪反馈循环。带着比利出去散步,和家里的狗一起玩,吹泡泡(呼吸),或者一起吃点心。请记住,他的任何情绪反应都不是故意的。这是他内心正在进行的一场内部斗争,这是他自我排斥的表现。有时候,这种自我排斥会让父母感到难过,因为比利把它投射到你身上,让你感觉自己不够好。

调查显示:

你认为家庭作业能帮助你学到更多吗?
"是的,因为有时候你会做一些你不知道的作业,
然后你的父母会帮你做。"

10.3.3　把作业分解

理解比利因无法完成这项工作而感到崩溃和不知所措。这并不是他不愿意去做,而是他没有能力去做。这就跟你自己在工作中经历的崩溃状态一样。当你走进办公室,看到150封要回复的电子邮件、无数要回复的电话、一个满满的收件箱、还有一张老板的便条——提醒你中午要交一份详细的报告时,你感觉怎么样?你如何克服这种感觉?也许你会站起来去看电影休息一下,喝点咖啡(能够调节你自己的那种饮料)。

所以对于比利来说,把20个拼写单词的任务拆解开,先从5个开始。是的,5个。5个总比没有好,比把铅笔被打碎或纸被撕碎要好。努力建立比利的家庭作业容忍度。最终他将能做10个,然后15个,然后20个。相信这个过程,不要把

比利一下子放到他无法到达的地方。

我们都是在会跑之前学会走路的。对于孩子来说,完成家庭作业是一个循序渐进的过程,积跬步以至千里。

10.3.4　给予情感空间

许多孩子还没有学会为他们自己表达,或者他们没有被允许发出他们内心的声音,所以他们会奋力反抗家庭作业。

调查显示:

你认为家庭作业能帮助你学到更多吗?

"不会,我学了一整天,回家后我就想玩。"

作为家长,我们担心孩子不会通过考试,或者更糟糕的是,我们会因为孩子没有完成家庭作业而看起来像不称职的家长,我们会跟老师一起采取控制措施,来挽回我们的面子。这需要父母摆脱自己的恐惧,才能接纳比利的恐惧。比利的争吵是:"我不能再这样做了。不要控制我,停止强迫我这样做,这让我的感觉变得更糟!"想想如果你的老板为了完成一项任务而不断地催促你,像这样被控制,你会是什么感觉?你可能也会反击或者干脆退出,比利也一样。

试图说服比利需要做家庭作业只会产生更多的阻力。给他合理的理由,为什么他需要完成他的家庭作业和他的教育,这会让他感到被孤立,并独自捍卫自己的立场。比利需要的是你倾听他,然后他才能听你说。下面是一个互动的例子,帮助现实生活中的比利克服了对家庭作业的抵制:

妈妈:"让我们看看今天的作业安排,告诉我你想什么时候做作业。"

比利:"我不在乎任何作业要求,因为我不做作业。"

妈妈:"比利,你听起来很不高兴。"

比利:"我当然不高兴,我讨厌做作业。"

妈妈:"我看得出来。"

比利:"为什么我要把游戏时间花在做作业上?我整天都在学校。"

妈妈:"你不喜欢这样,对吗?"

比利:"我讨厌它。你不能强迫我这么做。我不在乎失败。"

妈妈:"这对你来说很糟糕,是吗?"

比利:"这一切我都烦透了。"

妈妈："你无法独自完成这些,是吗,比利?"

比利:(点头说:"是的,是的!")

妈妈："我能帮你什么,亲爱的?"

比利:"我不知道"

妈妈："那今天,我可以坐下来帮助你吗?"

比利:"也许吧。"

妈妈："放心吧,我会帮助你渡过难关的。"

比利:"好的。"

比利需要父母的支持和认可。他确实有能力做出正确的选择。他需要知道他是被理解和支持的,而不是被评判和控制的。这就需要亲子关系的力量来帮助比利找到正确的方向。

10.3.5 降低恐惧

消除家庭环境中产生压力的事件——压力源,这些压力源可能会诱发压力,给比利造成更大的压力。此外,看看学校里是否有其他的情况会对比利做家庭作业产生更大的压力。很多时候,比利只是想到了不完成家庭作业可能带来的后果,比如不能休息或受到单独惩罚,只是这些想法就足以让比利乌云密布,以至于他无法承受这些想法所带来的压力,同时扼杀了他完成这些工作的能量。所以,讽刺的是,我们用来激励的后果对比利来说却变成了扼杀他的工具。

与比利的老师交谈,解释比利对压力承受的程度,他因恐惧带来的后果会给他造成负面影响。一些老师拒绝为一名学生调整措施,说:"如果我为比利破例,我将不得不为每个孩子破例。"事实上,并不是每个孩子都有这样的困难,所以也不是每个孩子都需要这样的例外。满足一个孩子的需求可以带来成功的教育经验,这才应是最重要的事情。

调查显示:

你认为家庭作业能帮助你学到更多吗?
"是的,因为你的家人在你不知道的事情上帮助你,
而我可以和我的家人一起做。"

10.3.6 换个时间做作业

放学回家后,给比利留出时间与家长重新连接,而不是坚持要求他立即完成

作业。当然,立即做作业更容易完成作业,并且在晚上的剩余时间里不必担心还有作业没有完成。然而,现实是比利可能无法做到这一点。

请与你自己的经历联系起来。下班后,你是否想拿出公文包直接坐下来,继续做更多的工作?或者如果你是一位全职家长,当你做完一天的最后一餐饭时,你是否还想花一两个小时在厨房里鼓弄新的食谱?不,你已经耗尽了你的能量和创造力。你需要加个油,充个电,歇一歇,比利也是如此。

让比利决定晚上什么时候完成作业。如果比利在晚上继续努力完成作业还是很困难的话,请老师不强制比利家庭作业的完成情况,为比利提供一些灵活的要求。较小的作业压力可以创造出轻松的氛围,这个氛围会给比利在繁重的作业中寻找到自己的学习方式。

10.3.7　降低期望

对比利的教育期望值必须与他的能力相匹配。如果你出身的家庭认为学业成绩会对成功产生至关重要的影响,那么请客观地审视这些信念,确认你是否将过去的家庭压力投放在比利身上。

接受比利目前正在尽他最大的努力。相信他有能力做更多的事情,并且坚定地相信那一刻会到来。去比利所在的地方与他连接交流,可以帮助他建立一个更强大的自我调节体系,并找到自己内在的动机。强迫和威胁只会阻碍进步并产生他对你的和他的整个教育生涯的怨恨。

10.3.8　与比利一起面对问题

孩子们可以通过演示进行学习,也可以通过自己动手来学习。如果比利不愿意自己动手,那就和他一起做。事实上,如果他的恐惧在他面对作业的过程中带来了巨大的阻力,那就为他完成作业。是的,没错,为他做。只需让比利坐在你的身边,在你完成作业的同时,和他一起讨论。

这可能会彻底挑战你的价值观和信念系统,这是好事,因为这意味着你正在向完成家庭作业的真义敞开心扉。布置家庭作业的意图是为了帮助孩子,而不是伤害他们。即使你在为学习完成作业,你也要相信,他还在学习。他在通过你的演示来学习这些材料。你的恐惧可能会说:"不,比利学会的是如何操纵我为他做作业。"这种恐惧会阻碍我们把作业时光变得有价值。

调查显示：

你认为家庭作业能帮助你学到更多吗？

"是的，因为你得到父母的帮助，家里更安静。"

通过为比利做家庭作业，你为比利创造了一个积极的家庭作业体验，没有压力和威胁。比利将学到一个重要的事实，那就是你在帮助他，你将采取一切可能的方式来确保他的成功。这是学习责任的终极目标，通过让某人对你负责来教你如何在未来对自己负责。

不久，你会发现比利实际上想自己做作业，而不是由你来做。孩子们不喜欢坐着看，他们喜欢自己操作。他们喜欢参与，他们不喜欢做旁观者。你看到有多少孩子坐在公园的长椅上看其他孩子玩耍？没有。他们也想玩耍。给比利一个做作业的支撑点，帮助他打破障碍，这个障碍是他曾经为了获得安全感而出现的。让这个过程变得安全，让它变得有趣，在有压力的情况下创造快乐。

调查显示：

你认为家庭作业能帮助你学到更多吗？

"不，我需要一些玩耍的时间，这样我在学校能更好地集中注意力。"

放松环境可以保持大脑平静和规律。比利周围的人、要求和期望的强度以及情绪开放程度都会影响他大脑的环境。过去，太多的重点放在让孩子完成作业上，而没有考虑任何这些因素。下面是一个真实的故事，一位母亲围绕家庭作业实施了本章中的想法，六年后她的"比利"表现出色，日常作业的战争不复存在：

当我的比利在四年级的时候，几乎每一页作业都有撕裂的痕迹，充满了愤怒和沮丧。我决定不再为了学校的要求而牺牲孩子的童年，所以我制定了家庭规则，把关系放在第一位，把功课放在第二位。就在那时，我开始和孩子一起做作业。有时作业的前几行或问题都是我的笔迹；有时整张纸都是我的笔迹。在比利心情好的日子里，比利会接手并自己做。在我们挣扎的日子里，我会附上一张便条，上面写着，"你可以看出，这很艰难。虽然最后是由我来抄写，但我向你保证，他坐在我旁边，作业和答案都是他的。"比利现在上十年级，参加了所有课程，自己做作业。更重要的是，他是一个被同学认可、充满爱心的人，生活在爱而不是恐惧的状态里。

为孩子的教育和学习创造负面体验是一场悲剧。任何家庭作业都不值得牺牲孩子的自我价值或扼杀孩子探索和学习的自然欲望。在完成家庭作业任务时,要意识到我们是为了帮助孩子在教育生涯中前进,而不是后退。请维持你和孩子的情绪稳定,要知道,当你和孩子的关系中恐惧战胜爱时,这一天的家庭作业就丧失了意义。

第十一章　社交能力与情绪管理

"What we learn to do，we learn by doing."

"我们要学习什么，我们就会通过做这件事情来学习。"

——托马斯·杰斐逊（Thomas Jefferson）

社会关系是儿童幸福感、自尊和归属感的核心。当儿童掌握社会技能时，他能够启动、建立和维持积极的同伴关系。此外，社会技能的掌握直接影响儿童的学业成绩。社会交往技能的缺陷会影响儿童的学习能力、受教育程度和孩子的自我意识。重要的是，孩子的社交能力与他的同伴接受度、老师接受度、学业成功和整体情感幸福感相关。

如果孩子在社交（或学业）方面表现不佳，则其情绪状态是非常大的影响因素之一。孩子可能每天都被其他孩子欺负或取笑，他每天都哭着放学回家。更极端的是，社交压力也是青少年自杀的主要原因之一。因此，讨论孩子的社交能力发展必须包括孩子的情绪状态。社交能力与情绪状态关联度非常高，不能单独拆开来分析。

11.1　传统观念

对于像比利这样的孩子来说，社交就等于情感。比利的反应系统经常压力过大，在社交困难的时候，他无法清晰地思考。当他应对时，由于他无法思考，他的行为就会超出社交合适的程度，他因行为不当而陷入麻烦，他感到糟糕和愚蠢（这会强化一个已经建立的消极信念体系），他无法学习，因为他身体里的压力水平越来越高。我们的教育体系的传统思维并没有充分理解这种消极的螺旋式下降。

传统观念会问："我们如何让比利改变他的社交行为？"这是一个非常失败的问题。传统上，社交技能是在智力和认知水平上传授的，没有考虑到社交互动引发情感反应的全部过程。传统方法是为安迪这样的孩子设计的——有能力清晰思考并在受到情绪挑战时保持自律的孩子。

教给孩子们的一个经典技巧是"停下来思考"。但对于比利来说,这有两个问题:首先,他没有刹车,无法停车;其次,比利不能思考。他只有感受,他的感受来自于求生存的底层需求。结果是,在大脑有机会思考之前,他就已经自动化地做出了反应。

在表 11.1 中,左列列出了为提高儿童社交技能而教授的其他传统技巧。对于教室里的学生来说,这些技巧几乎每次都会让他们感受到失败。右列给出了它们不足的原因。

表 11.1　比利传统社交技能的无效性

教给学生的社交技巧	比利的思维模式
走开	我现在很危险,已经进退两难了,在我脑海里没有走开这个选项
用平静的方式与他人说话	我没有自我调节能力,我必须冲别人大喊才能表达我的观点,我不能再让别人把我当成垃圾
告诉某人你的感受	过去当我表达我自己的时候,我要么被忽视,要么被告知我是个怪胎
寻求某人的帮助来解决问题	在我眼里没有可以信任的人,甚至老师也不足以信任。我不相信任何人,我只能依靠我自己
在你的内在寻找快乐并平静下来	我的内心没有快乐,我的内心是一座沸腾的火山,我所需要的是情感上的安全感
最后可以采取道歉的方式	从来没有人向我道过歉,我总是受到惩罚。如果我道歉,我就感觉我好像又一次做错了事情
事情并没有那么糟糕,合理地看待它,不需要小题大做,坚强些,不要那么敏感	这对我来说是件大事,对你来说也是件大事,我不会再坐视不管了。不管后果如何,我都会让你确信这是件大事

社交技能通常通过工作表和认知处理来教授。当比利在一个平静和有规律的地方时,他能够理解这些想法并恰当地回答问题。然而,在这一刻,当比利对他的朋友安迪感到不安时,他会变得情绪激动。他不再使用自上而下的控制系统,他的思维不再是理性的、有逻辑的或客观的,他的大脑开始变成自下而上的控制模式。基于认知的讨论,我们知道,就比利早期的经验而言,他此时无法理解发生的一切;相反,他会以自我保护的方式做出反应,不考虑未来或他人的感受。如表 11.1 所列,比利的内部反应与认知反应相去甚远,它们源于底层的恐惧。传统的方法对比利来说是失败的,因为它没有触及导致他缺乏社交技能的核心原因。它的方式是从认知层面不断培养比利,忽视甚至从未承认过的是,比

利存在因被抛弃和拒绝而带来的巨大的、潜在的负面情绪。

11.2　新的观念

解决比利社交技能需要问的是"是什么导致比利无法开展合适的社交行为?"通过这个问题,我们可以追根溯源,而不是简单地将认知观念堆积在恐惧、拒绝和抛弃的强大潜在情绪之上。

11.3　三个答案

上述问题基本上有三个答案:① 比利在社交方面不成熟;② 比利不是一个"社交型思考者";③ 比利不仅是害怕被拒绝,而且他对被拒绝非常恐慌。

11.3.1　社交不成熟

比利的实际年龄与他的社交或情感年龄不符。由于他的发展道路被打断,他在社交能力和情感能力方面的发展也被中止。如果从年龄上来讲,比利是八岁,那么在社交和情感上却是五岁,这就好比把一个幼儿园的孩子和三年级的孩子放在操场上一样。比利会被"活生生地吃掉"。比利会受到威胁,并采取要么战斗,要么逃跑的对策。在战斗模式下,他会表现得咄咄逼人,并和其他孩子战斗。从他的角度来讲,任何"这样不对"的意识都会消失,因为"好"并不重要。这就是生存的本质。在生存的那一刻,唯一重要的人是比利,而不是其他人。如果比利进入关闭模式,他会与其他孩子保持距离。他会待在操场的一个角落里,对其他孩子视而不见,也不会主动与他们互动。这是比利在社交上保护自己不受其他孩子影响的一种低唤醒方式。他不是反社会的;相反,他是在保护自己,创造距离来减轻自己的压力。

11.3.2　社交型思考者

像比利这样的孩子,错过了早期由主要看护人关爱养育的关键岁月。虽然这些体验是为了满足孩子的身体需求而设计的,但实际上他们所得到的满足远远低于实际的需要。安迪有过建立深层次情感需求联系的社会经历。安迪的照看者能够通过他的表达来读懂他的需要,在关系里为安迪创建了安全感。作为回应,安迪学会了理解照看者表达情感的体验。他的社交和情商发展之旅就开始步入正轨。

调查显示:

"我希望其他孩子能更深地理解我的障碍和缺陷,
这样我就会有更多的朋友。"

另外,比利在小时候没有获得这些经历。现在作为一名学生,他在社会和情感上都有缺陷。因此,他大脑中用来解释社会线索的那一部分,其连接方式是与众不同的。因为他不恰当的表达,没有眼神接触,看起来总是"有点不耐烦",他的老师和同龄人很容易对他失去耐心。

正如患有诵读困难症的孩子无法理解他在书页上读到的字母一样,具有社交缺陷的孩子也无法理解同伴和老师给出的社交线索。阿尔伯特·梅拉宾博士对非语言交流进行的开创性研究表明,55%的交流是通过面部和身体表情进行的,38%是通过声调和音量进行的,只有7%是通过语言中的情感和态度进行的。我们理解他人的交流与其说是通过语言的使用,不如说是表达语言时采用的方式。

比利可能听到这些话,但不理解其含义,因此他的回答可能不恰当。老师们经常认为像比利这样的孩子在课堂上故意固执或粗鲁。这种误解导致比利因为一些并非故意的事情而受到惩罚,而这仅仅是因为他的成长缺陷。

11.3.3　害怕被拒绝

害怕被拒绝是贯穿我们所有人一生的一个人生课题,无论我们从事什么样的行业和有怎样的人生背景。打个陌生的电话来测试一下。当你第一次给陌生人打电话时,你的恐惧反应不仅是你头脑中的一种想法,而且是身体层面的一种生理反应。

由于过去的创伤经历而有过抛弃史的儿童,在学校的每一刻都生活在这种恐惧状态中。虽然他们的恐惧可能只是一种心理感知,但对他们来说绝对是真实的,并且会干扰他们集中注意力、在课堂上表现出色以及与其他学生社交的能力。例如,比利可能有一位真诚、善良、充满爱心的老师,但在他的黑白思维中,所有成年人都是一种威胁。他相信的那个世界并不是他所在的那个真实的世界。

比利非常惧怕被同龄人（和他的老师）拒绝，再加上他缺乏成熟的情绪调节能力以及具有社交思维的发展缺陷，所以他看起来粗鲁、不听话且孤僻。讽刺的是，比利的害怕反而会给比利带来他害怕（被拒绝）的结果。

长期具有这种经历后，对拒绝的恐惧会以完全相反的方式表现出来。比利在接触令他恐惧的事情时学会了掩饰自己，同时以一种平稳、和谐，几乎像成年人一样的方式开始与人们交往。比利在害怕被拒绝或排斥的恐惧中变成了一个"融入"能力过度发展的孩子。他能够快速识别接触到的人们，在一天的活动中，确保自己被喜欢和被接受。这就是拿着"受欢迎奖状"回家的比利。老师们称赞他是一个模范儿童，并告诉家长他们多么希望所有的学生都像比利一样。然而，当比利回到家时，他已经精疲力尽，拒绝回应他的父母。因为在这一天的学校生活中，他为了生存一直在扮演社会化"游戏"的角色，他已经用尽了全力。当他回家的时候，他已经达到了承压能力窗的崩溃点。于是，他爆发了，释放了一整天积累的紧张，他的父母却成了这种情绪爆发的接受者，于是父母会感到不安和排斥。

一些孩子将这种压力释放到父母身上，因为与学校的人相比，他们与父母的情感安全感更强。孩子们天生就知道他们的父母会接受他们，不管他们的行为如何。因此，父母会发现处于这种压力接受地位的是他们自己。这两个极端的表现可能会使家长和老师描述的孩子完全不同。

还有一些孩子受到亲子关系的威胁。尽管他们渴望与父母建立联系，但这种关系本身也存在巨大的威胁。没有人比父母更能伤害孩子，无论是情感上、精神上还是身体上。从本质上讲，这种关系比任何其他关系都能为孩子提供更多的爱、接受和认可，但在现实生活中，情况却恰恰相反。

当比利在学校和家庭不同的环境中表现得"分裂"时，这对他的自我发展是非常不健康的。这种分裂是一种分离行为，从孩子的角度来看，这是可以帮助他应对所经历的压力、挑战和恐惧的创造性保护行为。然而，对于比利的发展而言，这种分裂的行为是需要被中断的。老师和家长需要作为一个团队一起工作，在家庭和学校之间提供一个一致的环境，并与比利进行开放和直接的沟通。如果老师和家长保持联系，比利就更容易如此。

11.4　四种技能

许多学生只需要"重新开始"学习社会行为。他们既没有学会用积极反应的方式进行互动,也没有学会如何避免老师和同龄人的消极反应。神经心理学家罗纳德·费德里奇解释说,像比利这样的孩子必须学会如何正确地行动、说话和互动,不要有违抗和反社会的行为。他们要么因为恐惧和焦虑,要么因为没有人教过他们,而不知道如何适应社会。罗纳德把它分解为教孩子四种技能:表达、思维方式、学习和倾听。

调查显示:

"如果我有更多的朋友,学校会更好。"

11.4.1　表　达

需要帮助比利学习社交语言,以及如何用别人能理解的方式回答问题。他可能需要帮助,才能重新定义自己的答案,并学会用不同的方式说话。指导比利如何使用完整的句子和短语,而不是婴儿式的谈话和"胡说八道、毫无重点逻辑"的谈话,将有助于他发展与他人沟通的技能。此外,比利必须学会情感语言以及如何识别情感,同时将其与情感词语联系起来。

通过 Linguisystems(www. Linguisystems. com)、批判性思维公司(www. criticalthinking. com)和 Child's Work/Child's Play(www. childswork. com)等网站,可以获得许多社交语言卡和游戏。这些产品旨在帮助像比利这样的孩子学习如何结交和联系朋友,如何发现和解释非语言的交流,以及如何理解和适当回应他人的观点。

11.4.2　思维方式

比利可能有生活在"魔法世界"的倾向,这是一种用来逃避压力和恐惧的不适应行为。他需要帮助才能回到现实生活中,需要让他的回答变得有意义,并合乎逻辑。比利需要帮助才能摆脱循环的语言模式,进入有序和理性的思维。

11.4.3　学　习

传统上用来给学生上课的惩罚措施不会对比利有效。他不会从过去的错误中吸取教训,只会陷入更深的恐惧中,并被这些技巧所压垮。比利需要理解的是他的反应是不恰当的,而不是批评、惩罚、羞辱或责骂。

在很大程度上,比利没有意识到自己的负面社会行为。他们的行为不是故意的,因为他根本不明白。人们根据自己的认知方式行事。比利对自己的看法是不真实的,他对自己的表现一无所知。比利需要一张为他画的"真正的比利"的照片。角色扮演、录像和行为排练是有效让比利认识自己的工具(通过体验学习的方式而非认知学习的方式)。

人们一直认为,交朋友是孩子们应该学会的一项技能,自然得靠自己去做。安迪很容易交到朋友,但比利却不是这样。不能建立社会关系应等同于孩子有学习困难,如阅读障碍。如果安迪患有诵读困难症,他就不会被要求自己解决如何区分不了"b"和"d"的问题,他将得到帮助,教他如何正确识别这些符号。

比利也是如此。比利需要帮助训练他的大脑正确地解释社交线索和面部表情。当老师认为比利的行为是故意不尊重时,他们会变得愤怒和不耐烦,这只会让比利变得更加不适和紧张。解决办法是给予比利理解,并确保他在实践新的亲近社会的行为时得到帮助。他需要练习新的应对模式,以取代旧的模式。必须为他演示"如何"交朋友,并与他一起通过扮演角色的方式让他体验。

11.4.4　倾　听

比利在与同龄人或老师接触时,集中注意力并进行适当眼神交流的能力非常有限。他可能需要进行倾听训练,在与冷静、有调节能力的成年人建立安全关系的情况下,通过适当的眼神交流使他保持专注。此外,比利的大脑不具备"倾听"肢体语言和其他非语言线索的能力。比利必须学会倾听一个人的语调、情感和肢体语言。

11.5　安全和保护

在社会和情感层面为所有的学生创造一个安全的环境,是提高整体学业成绩的一个极其有效的方法。社交能力不强的学生将在学业上面临更大的成绩不佳的风险。当学生感到安全时,他们的焦虑感会降低,他们就能够更容易地进入他们的思维大脑,即大脑皮层。

调查显示:

"如果我有我的小妹妹在学校,那会更好。"

11.5.1 安全基地

像比利这样的学生总是需要一个"逃生舱"。早期的创伤经历让他感到被困和无助。如果这些感觉被触发,比利很可能会变得被动,在许多情况下会陷入恐慌。比利需要选择与他感到安全的人联系,他需要一个安全的基地。

为了给比利建立一个安全的基地,他应该在学校里找到一个有很强的情绪协调能力的成年人,一个诸如此类的导师。正如在《玩牌》中,孩子们会为了安全而跑向基地。比利需要一个安全的基地——当他变得激动、焦虑或不安时,他需要寻求一个情绪稳定和安全的人,这样他才不会感到被困。这个人可以是学校里的任何人。与学生坐在一起并简单地与他连接并不需要一个受过心理咨询培训的专业人士。导师的职责是与比利进行沟通,而不是训诫他,或与他谈论他应该或不应该采取的行动方式。典型的对话可能如下:

比利:"嗨。"

导师:"嗨,比利。最近怎么样?"

比利:"好的。"

导师:"很高兴见到你。坐在我旁边,好吗?"

比利:"好的。"

导师:"没事的,深呼吸。让自己平静下来,感受平静。"

比利:"好的。"

导师:(深呼吸以帮助比利稳定他的情绪,给比利安静的时间,并向他投去几眼安慰的目光。)

比利:"我讨厌我的老师。"

导师:"听起来有些生气,是吧?"

比利:"她总挑我的毛病,总是纠正我,从不让我休息!"

导师:"听起来很难,还发生了什么?"

比利:"我似乎什么都做不好。我恨我的老师,我恨这个愚蠢的学校,我恨整个世界。"

导师:"你对自己感觉如何?"

比利:"我恨我自己!我很笨,我不知道怎么做数学题。不管怎样,我永远都做不好!"

导师:"你和我放学后与你的老师谈谈这件事怎么样?"

比利:"她不会听的!"

导师:"我会陪着的,确保我们都能解决这个问题,好吗?"

比利:(勉强地)"好吧。"

导师:"好的……和我再呼吸几次,和我一起振作起来。让我们为你准备好回去上课。"

比利:"嗯。"

导师:"准备好了吗? 让我送你回去,总有办法解决这些问题。我希望你得到你需要的帮助,不要再那么沮丧了。好吗?"

比利:"好的……谢谢。"

导师:"放学后我在这里等你。"

导师的角色只是为比利提供情感空间。导师在那里倾听,提出好奇的问题,帮助比利处理和表达,帮助他冷静下来并进行调节。请注意,在上述对话中,导师没有评价、没有改变比利、没有试图找到解决方案或试图改变比利的想法。表 11.2 显示了为需要一对一支持才能冷静下来的学生创造情感空间的更多方法。

表 11.2　创造情感空间的小贴士

如何创造情感空间
➢ 给予接纳而非解决问题。
➢ 提出探索性问题以加深理解。
➢ 允许孩子感到不安,但不要强迫孩子停止不安。
➢ 接受孩子的现实可能是扭曲的,不要试图让他相信不同的现实。
➢ 容忍孩子此刻表达的消极和夸张的情绪,以帮助他冷静下来。
➢ 理解孩子的问题,但不一定要同意。
➢ 保持善良、有爱心、安全和耐心。
➢ 不要带着生活教育去倾听,只是倾听就可以了,生命的变化会自然而然地发生。
➢ 明白孩子的挣扎,但不要求他表现得不一样。改变将在孩子平静、有自控、准备好的时候发生。
➢ 参与对话,但不要强迫或坚持答案,让它顺其自然。
➢ 关注关系,努力确保情绪安全,保持规律调节,信任过程的力量

11.5.2　不适者无法生存

孩子们必须学会人际交往技巧以及如何解决冲突才能在生活中取得成功。然而,对于像比利这样的孩子,让他们"自己解决问题"可能会严重伤害他们。安迪在克服社交困境时,只会产生轻微的情绪困扰,但比利可能会进一步陷入失调状态,消极行为会更加明显。

调查显示:

"老师应该意识到孩子们在打架,不要害怕互动和做一些事情。"

教室里的比利们敏锐地意识到他们是如何不适应环境的,他们是如何不同的。这就造成了消极的自我认知,同时也增加了学校环境所带来的不安全感。社会冲突是这些学生学习如何提高社交技能的机会,而不是增加他们不适应世界的感觉,他们需要老师的介入和帮助。比利生活在一个他不理解和不理解他的世界里。在理解人类互动的细微差别方面,他应该得到指导,而不是任由自己的行为发生,然后受到惩罚。

帮助那些挣扎的、与其他孩子相互扭打的孩子并不意味着通过权力、控制和纯粹的权威来处理冲突,这将为比利制造一个引起误解的"我反对你"的互动方式。他承担责任的能力将大大降低,因为比利会抵制并责怪老师。给比利一个罚站或隔离式的惩罚,让他去思考"做错了什么",只会给比利更多的时间去思考如何下次做得"更好",或者他有多"愚蠢",以及他如何"不适合这个世界"。

带着一种接纳的态度去接触这些学生,明白他们不具备成熟的社交能力或智慧,理解他们不知道如何以不同的方式处理冲突,这些可以让老师保持在一个有规律调节能力和有觉知的框架中。给予每个学生同情和理解,让每个学生都有发言权,将有助于缓和局势。

这些学生需要老师给予更多直接的一对一帮助,以帮助他们回到可以自己调节情绪的状态里,而不是惩罚和孤立他们。最失控的学生感到最孤立无援、最受威胁,他处于一个最深的恐惧状态里。在失调和恐惧状态里的学生就会出现行为偏差。给予这个学生关注并不会奖励他的行为,这将教会他如何改变,并阻止他进一步情绪失调。例如:

学生们正在课间休息。比利和另一个同学正在玩数独游戏,突然,他开始争吵和大喊大叫。另一个学生也很快失去了自制力,大声回应。争论变得更加激烈,比利的失调情绪逐步加剧。老师没有让比利暂停或把他送到角落,而是先对另一个学生说:"安迪,比利现在感觉不太安全,我知道这样对待你,会让你感觉很不好。你待在这里,继续玩,我来帮助比利。我会回来确保你也得到你需要的帮助。"老师平静地拉着比利的手说:"我们到我的办公桌前去,我可以帮你。比利,你不会有事的,我只是想确定你没有事。"

一旦比利平静下来,远离紧张的局面,老师就可以单独和他一起工作,或者,在这种情况下,和全班一起工作。在这个特殊的例子中,课堂上的标语会非常有用。老师可以让全班同学都停在他们的课间休息里,指着标语牌说:"同学们,当你需要帮助时,你会找谁?"然后全班同学读并回答:"我们找老师。"老师强调,她保证每个人都是安全的,不会有打架、争吵或伤害。她再次指着标语海报说,"不会有什么?"全班同学回答,"不会打架,不会争吵,不会伤害。"

练习解决问题的技巧是为了孩子们未来减少冲突。通过这种方式,学生们学会了如何为自己的行为负责,而不是指责和回避他人的行为(指责和回避他人的行为通常发生在他们受到惩罚的时候),这样,他们也开始学习自我调节等重要的生活技能。

如果你在想,"难道比利不应该为他的行为承担后果吗?"对于比利而言,比利被取消了活动,就是让他学习为自己的行为承担后果。他的休息时间变成了和老师在一起,得到了一个学习如何使神经系统平静下来的机会。如果老师觉得比利受到了比较大的影响,她可以简单地对比利说:"我需要在课间的剩余时间里,确保你和我待在一起,我们需要学会保持课间的安全。关于课间休息,今天错过的,明天还可以补上。"

比利仍然会收到"结果",但传递的是"我们"关注他,从而消除了取消他课间休息所带来的羞耻、责备和惩罚。比利得到了他所需要的支持,得到了一个更好的解决方案,让他知道下一次该如何处理自己的情绪,并给予他一个希望,那就是他会越来越好。

调查显示:

"让孩子们停止欺负我。"

"老师应该让我们在课堂上感觉良好,而不是被欺负。"

11.5.3 不容忍欺凌

恃强凌弱是一种社会问题。像比利这样的孩子是欺凌者经常瞄准的目标,我们永远不应该容忍霸凌。每个孩子都有权在学校里一直得到安全的保障。

美国卫生与公共服务部报告,"身体、发育、智力、情感和感官残疾等残疾儿童被欺负的风险在升高。身体脆弱性、社交技能挑战或不容忍环境的任何因素都可能增加风险。"这正好是关于比利的描述。他的缺陷和残疾使他显得更虚弱,因此很容易被控制和虐待。

当比利对被欺负感到非常无力、绝望和无助时,他会做出激烈的战斗或逃跑反应。恃强凌弱会触发比利的原始生存水平,表现为他很可能变得咄咄逼人,攻击性很强,或者走到另一个极端,变得抑郁,甚至自杀。比利没有能力处理如此强烈的情绪能量,他非常需要教育工作者的帮助和干预,这样才能帮助他站起来。如果没有的话,结果可能是悲惨的。以下是一位母亲的故事,她的儿子因患有发育障碍而受到欺负。

去年,有一群女孩称我六年级的儿子为"弱智"。老师知道后,让女孩们注意一点,但并没有起到阻止欺凌行为的作用。当我和老师讨论这一情况时,她的回答是:"十几岁的女孩就是这个样子,她们的行为并不意味着什么。"于是我继续向上反映,并与管理人员交谈。有人告诉我,我儿子的情况并不足以称为霸凌。这种欺负的情况没有严重到成为一个"霸凌事件",就像托德·阿金使用"合法强奸"一词一样。但强奸就是强奸,霸凌就是欺负,它们是不可接受的。我的儿子,由于他的创伤史,对压力高度敏感,自我意识极低。这群女孩的欺凌使他情绪低落。随着欺凌行为的继续,没有人认真对待这对我儿子产生的影响,情况逐渐加剧,他试图自杀。之后,他进入了一种极端的与人失联的模式中,他试图通过自杀来让自己远离。幸运的是,我儿子的尝试没有成功,他今天仍然和我们在一起。

任何学生,尤其是比利,都不能接受上面故事中给出的欺凌行为的传统理由,以及诸如"这就是男孩"或"青少年就是这样的"之类的说法。像比利这样的孩子,带着深深的无力感,而且他的信念系统还告诉他不配活在这个星球上。因此,欺凌行为必须被严肃对待,学校的负责人必须阻止这种行为。

然而,阻止欺凌并不意味着把欺凌者和受害者放在一个房间里,让他们解决问题。无论是欺凌者还是受害者,他们是两个活着的比利,一个充满力量,另一个则没有力量。他们差距太大,无法独自解决问题,所以,他们需要一个成年人带着零容忍的态度立即采取强有力的行动。

第十二章　关于比利的培养方案

"In order to be irreplaceable, one must always be different."

"想要不可取代,必须与众不同。"

——可可・香奈儿(Coco Chanel)

在现实生活里,即使如前几章所述,支持比利学习的所有做法都已落实到位,比利仍可能需要更个性化的培养。他的想法与安迪的大不相同。家长和教育工作者对比利的培养可以有两个基本的选择:个人教育计划(Individual Education Program,IEP)和 504 计划。

12.1　个人教育计划

IEP 是一份书面文件,旨在满足合格学生的个性需求。简单地说,它是一个每年根据《残疾人教育法》(the *Individuals with Disabilities Education Act*,IDEA)编写的,由联邦政府资助的计划。该计划由一个委员会制订,该委员会由老师、学校和地区行政人员、家长/监护人以及任何其他与儿童有关的人组成,他们对儿童的了解有助于 IEP 的规划。理论上,委员会中的每个人都有平等的机会在委员会内提供支持和决策权。

在 IEP 会议上,委员会查看学生目前的表现水平,审查其记录,评估数据和任何其他可用的相关信息,并制订适当的计划。该计划将包括可测量的目标和目的、调整和改进。目标是为这个学生"创造公平的竞争环境",以便他能够发挥自己的潜力。

要符合 IEP 的资格,此儿童的残疾须达到影响其接受教育的程度,并且必须由专业人员(学校系统人员或独立评估人员)对儿童进行评估。对于像比利这样的孩子来说,符合 IEP 资格的典型残疾包括自闭症、发育迟缓、情感障碍、特定学习障碍、加工障碍和/或语言或语言障碍损害。

12.2　504 计划

在某些情况下,儿童可能不符合 IEP 那么严格的要求,但仍需要特殊照顾,因为有档案记录的情况会对其教育进度产生不利影响。在这种情况下,504 计划可能是一个有效的支持性解决方案。与 IEP 一样,504 计划也是由一个委员会编写的,但该计划要简单得多。它的目标是提供学生所需的住宿、服务和改进,以使他拥有与同学相同的优势。504 计划源于 1973 年《联邦康复合规法案》第 504节,但与 IEP 不同,联邦政府不直接为这些学生的住宿提供资金。合规性和问责制由民权办公室监督。

12.3　传统观念

传统上,针对学生的个性化课程都是基于行为来设计的。这些项目通过后果、奖励和休息来管理学生的行为。以下 IEP 的声明反映了该行为管理框架:

"当出现不当行为时,老师可以让其休息,当学生恢复了恰当的行为时,老师将对学生进行奖励。"

传统方法也提倡老师使用积极反馈强化来促进良好行为。相似地,也鼓励老师有意识地忽略其反抗行为来避免强化其不良行为,并允许使用直接后果来消除不良行为。例如,IEP 的这一理念反映的是下述方法:

"学生的选择应该有适当的、持续的和直接的后果。好的选择应该得到奖励,坏的选择也应该让学生看见选择带来的直接后果。"

创造动机的尝试,是为了让学生体验到通过自己的努力工作可以获得外部激励和物质奖励。例如:

"在每个周末,如果学生获得 10 颗星,他将有资格从老师的奖品盒中挑选一个玩具。"

"老师和家长将增加对完成工作和积极的社交行为的奖励。"

带着这些管理行为的因素,这些项目所致力于回答的问题是一个传统的问题,"我如何让比利改变他的行为?"此外,这些项目只有在学生表现出消极行为后才能实施,因此它们本质上是被动的,而不是主动的。他们的意图在于改变已经存在的行为。

这些 IEP 的有效性通过基于学生行为的结果来衡量。它们是基于绩效的计划,这个过程几乎没有什么分量,而且这个过程常常完全不被承认——唯一的焦点是可测量和可量化的结果。

传统上,这些计划中的目标和目的都是以个人为中心编写的。学生几乎完全有责任改变自己的行为,而老师也不需要设置明确的参数。

12.4 新的观念

考虑到本书中提供的所有信息,很明显,传统方法对比利不起作用。事实上,这很可能会增加比利的消极行为。在为比利这样的孩子开发个人项目时,需要使用一种完全相反的方法,这种方法基于对创伤如何影响孩子系统的理解。

表 12.1 所列为行为思维(传统观念)与规范思维(新观念)的比较。

表 12.1   行为思维与规范思维的比较

行为思维	规范思维
基于结果的	基于情绪调节的
奖励和激励创造动力	关系力量产生动机
外部控制(红点和星星积分图、留校、取消权利)	内部控制(自我意识、成就感、自我接纳、自爱)
暂停	计时
基于逻辑的年龄期望值	基于情绪/社会年龄的期望
管理行为	压力管理
聚焦个人	聚焦社区/家庭
基于表现/结果	基于过程
干涉	预防
识别重要的变化	识别所有的转换
让孩子适应环境	适合孩子的环境
行为是选择的问题	压力驱动行为

比利需要一个新的方案来解决这个问题,"是什么驱动了这个孩子的行为?"它需要基于他的情绪调节,而不是他的行为。需要用关系来取代奖励和激励,奖励和激励只会让他不断地失败。由于比利生活在一个消极的信念系统中,因此该计划需要帮助他通过建立自我意识、成就感和自我接纳的方式重新整合这些

信念。

必须确定哪些压力因素会触发比利的行为,并做出相应的调整。这将有助于为对压力高度敏感的比利创造出一个适合的环境,并以积极、预防的方式进行工作。当了解压力如何在比利的调节中发挥关键作用时,应在比利的改进计划中写入相应的解决方案,包括时间投入、转变的支持和减少刺激。以下是一位母亲与比利的真实经历:

我被叫去参加我儿子比利的一个会议,他当时在八年级。老师们指出比利做出的所有错误选择和他表现出的所有消极行为。行为日志放在桌子上,我问我们是否可以不看实际的行为,而是看在行为之前发生了什么,并了解比利在变得捣乱之前发生了什么。在每一次事件中,比利的行为都是对一种被忽视、误解、指责或无能为力的感觉的反应。有一个特定的反应模式正在发生,我们需要解决的是这个反应过程,而不是简单地将比利认定为一个捣乱的孩子。一旦解决了这个问题,比利就学会了如何恰当地处理这些情绪,他的消极行为就结束了。

12.5 语言的重要性

让我们仔细看看传统 IEP 的措辞,然后再看看调节概念是如何被纳入 IEPS 的语言的。语言学超越了实际的词语,它是关于沟通背后的意义和感觉。一个人的话语表明了沟通的心态和观点。

从传统 IEP 和行为计划的例子中可以清楚地看出,人们对比利这样的孩子有一种令人不安的判断立场。他们缺乏对比利的认可,缺乏对基于比利的生活经历而引发的这些行为是正常的观点的认可。实际上,由于创伤的生理和情绪的影响,这些行为确实是正常的。不接纳的态度会直接或者间接地出现在描述行为的词语选择中。以下列出了从 IEP 中获取的实际陈述,并解释了为什么这些陈述不仅是负面的,而且会影响对学生的理解。

1.“学生的注意力分散行为导致经常打断老师,平均每天十次。”

“注意力分散行为”一词传统上被用来定义消极行为。这个词忽略了一点:孩子寻求关注是因为他们需要关注,他们以此来寻求情绪规律调节、接纳和爱。因此,他们得到的任何形式的关注都是爱,无论是积极的还是消极的。这种需要不是消极的行为,这在任何孩子身上都是自然而然地发生的。为了更好地传达真正的内涵,可以这样表述:"学生经常通过不恰当的行为、沟通来寻求情绪规律调节的能力。"

2."学生解决社交问题的能力差导致学生之间的冲突。"

"差"是一个带有评判性的词语,它会引起对学生的误解。社会技能"差"的儿童是由缺少必要的关注和适当的幼儿经验带来的。更准确地说,这句话可以理解为:"学生尚未发展良好的解决社交问题的能力,导致了学生之间的冲突。"

3."学生糟糕的愤怒管理能力会导致行为不当。"(本例中的学生七岁。)

儿童是情绪化的人,且处理情绪的能力有限。他们不是小大人。"愤怒管理"这一术语是一个强加给孩子的成年人术语,孩子的应对能力不发达,这种被期望的能力远远超过他的年龄。他还没有学会如何自我调节,因为他没有足够的积极经验来学习这项成熟的技能。因此,这是一个调节问题,而不是行为问题。这句话应该更准确地表述为:"学生的自我调节能力受到损害和发展不足,导致了他们的行为。"

4."学生将逃离重复活动和其他规定活动。"

字典将"逃跑"定义为"逃离",如"逃离监狱"和"避免威胁性的邪恶"。这里所示的 IEP 的声明中描述孩子行为的挑衅语气会对师生关系产生严重的负面影响。孩子的行为实际是有原因的,在这种情况下,活动的"要求"对孩子来说太多了。压力和崩溃促使这个孩子进行抵抗。这一点儿也不奇怪。这名学生的行为可以更准确地描述为:"由于重复活动和其他规定活动的要求,学生变得不知所措。"

5."学生通过抵制或退出来避免无法满足的活动要求。"

"避免"一词在我们的文化中有负面的含义。如果有人试图躲避你,那他就是粗鲁的和肤浅的。除了是一种消极的用词选择之外,当要求学生参加要求很高的活动时,这一陈述并不能让学生理解发生了什么。使用"避免"一词可以判断他是一个问题学生。如果将这句话修改为"学生被要求的活动压得喘不过气来,并试图通过抵制或退缩来自我安慰",那么这句话会给这个孩子提供更多的理解。

6."同学们不知道如何恰当地问候彼此,通过向他们解释问候方式,来开展班级建设。"

当孩子们无法使用适当的社交方式时,多是因为感到不安全,害怕被拒绝,以及在群体环境中不知所措。这是一种由恐惧引起的行为。这句话的措辞造成了一个不和谐的课堂,即"我们"知道怎么做,而"他"不知道怎么做。社区/家庭式的方法有助于有效解决潜在的恐惧问题,并培养一个统一的课堂:"让同学们做好准备,向他们解释学生需要班上每个人的支持才能感到安全。"

7. "学生的行为导致整天频繁地违反课堂规则。"

"违反"一词通常与"违法"一词联系在一起。如果有人违法,他就是罪犯。教室里的学生可能没有遵守规则,但他是否与犯罪者相关,即使是间接的联系,显而易见,这是不应该的。然而,该声明的措辞提供了这种相关的联系。这给教育工作者与学生互动的同理心和关系留下了很小的空间,特别是在自我管理混乱的时候,正是他最需要联系和关系的时候。这句话换种表述是:"学生经常因为过度的压力和失调而无法遵守课堂规则。"

评判性的词语会导致同情和理解力的下降,它们在关系中筑起了一堵墙,师生关系也不例外。对比利使用这种语言是非常有害的,因为他正是一个需要被理解、被接受和情感安全的学生。我们应该专注于使用有助于他们培养同情心的词语。

12.6 问题带来了解决办法

当我们可以客观、不带评判地看待一个学生的行为,也不期望他像安迪一样时,解决方案往往就隐藏在问题之中。通过创伤的视角观察比利的行为,提出正确的问题,才能让这一切变得清晰可见。越是能够把比利的行为从创伤的角度来看待,而不是被判定为不良行为,比利的行为就越是容易理解。

行为是沟通的一种形式,它传达了驱动行为的因素。如果你知道是什么驱动了这种行为,那么解决方案就会变得清晰。下面给出了直接从观察到的行为中提取解决方案的示例。斜体字的陈述直接来自学生的行为评估。关于这一观察如何揭示解决方案的讨论如下:

1. *"如果被迫参与,比利的反应将是扔东西、尖叫或说'闭嘴'。"* 当比利"被迫参与"时,无力感就会被点燃。被控制和无力感是比利的创伤触发因素。为了让比利参与其中而不做出反应,他需要得到鼓励、支持和帮助,这一切都需要一个与他建立了牢固安全感的成年人来完成。

2. *"在对比利要求特别高的活动中,他可能会对受欢迎的活动、物品、游戏规则和对话表现出更大的僵硬。"*

当比利面临挑战和苛刻的任务时,他通常会失去平衡。他会变得不知所措,在试图寻求稳定和调节的过程中,他将回到熟悉的活动中。因此,在这个例子中,比利对熟悉的、感觉良好和安全的东西的需求增加了。他变得死板和僵硬仅仅是因为他在寻求安全。解决办法是将要求很高的任务进行分解,当比利明显感到苦恼时,给他安慰,并在短期内容忍他的僵硬,让他感到安全。

3. "*比利在课堂上闲散,尤其是在大型集体活动期间。*"

当孩子们有被忽视的早期历史时,他们通常有一种过度发展的分离能力,这意味着当生活变得太难时,他们可以脱离现实。他们可能看起来像是白日梦者,在自己的世界里游荡。在教室里,当比利被一个大团体创造的复杂的社会动态压倒时,他的系统将进入自动模式,于是比利被困住了,复杂的社会动态使他困惑和沮丧。解决办法是,比利暂时只在小团体中活动,或者在大团体中活动时,比利将得到老师或其他成年人的直接支持。当他能够在大型集体活动中与另一个成年人保持距离时,他将逐渐学会如何保持现状,而不是自动脱离。

12.7 关注老师的状态

传统的个性化课程只关注学生如何改变,学生需要做哪些不同的事情,以及学生如何承担更多的责任。在过去,100%的责任和问责都是由比利承担的,没有得到认可的师生关系有两面性,老师的反应比学生生活中的任何其他变量都会产生更大的影响。以往在设计使用积分图、象征性奖励和特权的程序上浪费了太多的精力,而实际上最大的影响因素一直就在教室前面。

如果比利正在努力改变自己的行为,但仍在挣扎并表现出一些消极行为,那么最终的结果将在很大程度上取决于老师对待比利的方式。如果老师大喊大叫,硬性要求比利改变自己的行为,比利很可能不会表现出进步。恐惧对比利这样的孩子没有帮助。然而,如果老师有很好的管理能力,并且能够通过同情和理解展现力量,比利就有更大的提高机会。不幸的是,在 IEP 中的比利的目标陈述中很少提及这种动态,并且很少提出老师在帮助实现这些目标方面的期望。

下面给出了在 IEP 上为学生编写的实际目标示例。虽然这些目标是合理的,但它们仅仅基于比利的改变,没有明确说明老师需要如何回应比利以实现这一目标。把比利放在一边,然后提出问题,"比利需要从老师那里获得什么样的帮助才能实现这个目标?"

1. "当学生情绪激动时,他会用语言表达自己的感受。"

➢ 这个二元关系中的成年人能为比利保持情感空间来实现这个目标吗?

➢ 如果比利在表达自己的感受,他是得到了成年人的认可和宽容,还是被训斥、控制或宣告无效? 还是他被告知,"嗯,你不应该有这种感觉,因为早该轮到你了,你必须学会等待轮到你"?

2. "通过观察和数据收集,学生每天早上都会进行口头问候和眼神交流。"

➢ 老师是否将自己照顾得很好,确保自己内心处于平静和爱的状态? 她的内心稳定程度如何(如第九章所述)? 老师是否通过肢体语言和其他非语言交流来与学生建立联系? 学生是否将她视为一个安全的基地,以便有足够的安全感与她进行眼神交流?

3. "从数据收集的角度衡量,当结果由成年人管理时,学生行为表现结果是平静情况的次数关系。"

➢ 当这些后果交给学生时,传达的是什么? 是否使用了非责备或责备的词语?

➢ 老师是否直接或间接地将她的挫折感投射到学生身上?

➢ 后果与不当行为的程度是否平等? 后果真的起到了教训的作用,还是仅仅是一种惩罚?

4. "学生利用策略缓解压力和焦虑(由自己或在老师的帮助下),以免伤害自己或他人。"

➢ 如果学生正在接受老师的帮助,老师是否会足够注意,以确保她是有规律的和冷静的,确保她没有给学生增加更多的压力和焦虑?

➢ 如果学生即使被帮助也无法平静下来,老师是否有足够的自我认知和自信,而不会将其视为个人行为?

当这些问题得到解决,比利得到了他需要的回答时,比利成功实现这些目标的能力将显著提高。

12.8　父母的支持

比利在一致且可预测的环境中表现得最好。当家长和老师们齐心协力,在学校和家中以一种连贯的方式支持比利时,比利会感到更安全,更有条理,也有更多的学习空间。家庭和学校环境的一致性提供了一个外部结构,帮助他发挥最大潜能。

比利的个性化成长培养应始终包括以下参数,即在其父母和老师之间建立这种一致性。下面列出了老师和家长协调努力的做法。

1. 老师将学校的规章制度和学生的压力水平进行总结并通过电子邮件发送给家长，以支持学生在家中的康复。

2. 家长将通过电子邮件向老师发送一份简短的书面报告，说明孩子在家中的压力水平，以及任何可能影响学生在校行为的家庭事件。

3. 老师将向家庭提供关于即将开展的各项作业和截止日期的信息（结合以往的经验，对学生来说，这可能是一个压倒性的事件），以便为学生提供家庭支持。

4. 家长将与老师分享在家中有效的做法，以便为学生提供两种环境中的一致性。

5. 家长将在白天通过电话、短信和午餐访问来帮助管理学生。

6. 家长会在早上让学生尽可能多地带着平静稳定的情绪去上学。当学生早上有困难时，家长会在入校时通知老师，让老师做好准备。

7. 家长和老师将通过电子邮件和电话保持密切沟通，讨论不属于正常课堂的常规的未来学校活动（课堂集会、老师缺席、野外旅行等）。

12.9　明确制订计划的意图

正如俗话所说的，"一切都在进展之中。"这一点适用于向学生提供个性化课程。当一个学生有 IEP 时，他可能会自然而然地觉得自己与同学不一样，而且"不如"同学。他也可能觉得 IEP 是对"坏"的惩罚，因为它很可能是在他多次陷入麻烦之后发生的。

这个项目需要与学生一起复习和讨论。对学生传达项目的意图是，"成年人见面是为了找到帮助你和支持你的方法"或者"成年人见面是为了找出如何帮助你在学校感到安全和有保障的方法"。通常，这种传达与"成年人见面是为了找到让你表现得有条理的方法"是完全相反的。

调查显示：

"每节课都要分组。""减少分心。"
"全班多休息。""与老师一对一。""开展有趣的项目。"
"艺术，我喜欢艺术，你可以用艺术来表达自己。""在两者之间休息。"

当比利看到这个计划是为了他的利益而实施的时候,计划对他产生的威胁就消除了,成为一个坏学生的恐惧感也就弱化了。这是一个需要让他知道为了他成长而设计的计划。

12.10　如何更好地表达出来

在为学生创建个性化课程时,确实不可能使用公式或原型(因此,"个性化"一词用词不当)。然而,要编写一个包含本书中所含思想的项目计划,训练你的思维并改变你的思维方式是很重要的。下面提供了可以包含在 IEP 中的示例语句。想一想每一句话中的措辞和方法是如何反映本书所提出的观点的,还要注意学生在调查中的回答给出了完全相同的答案。

调查显示:

"给孩子足够的时间。我从来没有足够的时间,我会感到沮丧。"

12.10.1　落实有效措施

1. 学生有额外的时间完成作业。

2. 学生小组活动人数要少(不超过五名学生)。

3. 学生在校期间应经常休息。

4. 学习活动将被分解成更小的作业,并为学生"分块",这样学生就可以看到作业完成的样子。

5. 学生将坐在老师旁边。

6. 学生将坐在教室中其他学生的后面。(这是为一名学生设计的,他过去曾被虐待,害怕被后面的人伤害。)

7. 学生在做作业时可以坐在健身球上。

8. 课堂上的视觉和听觉刺激减少 30%。

9. 学生作业缩短 50%。

10. 学生在三个月内免除家庭作业。

11. 学生的作业将被适当修改,包括艺术、项目和其他创造性的交流方式。

调查显示：

"落实时给予更多的时间。"

---

12. 提前给予学生时间,为新活动或不同活动的过渡做好准备。

13. 向学生提供成人的支持,以过渡到新的或不同的活动。

14. 应提前向学生提供例行程序变更通知,以使其能够准备和处理这些变更。

15. 给学生提供交替的坐姿和运动时间。

16. 学生被允许在需要时使用降噪耳机或耳塞。

17. 为学生发布每日时间表。

18. 学生可以携带一份有关他一天例行活动的视觉时间表。

19. 允许学生有较长的时间进行口头和书面回答。

20. 为学生提供更多歌曲和故事的实践活动,以帮助学生更加投入。

21. 每次给学生布置一个作业,以避免超负荷工作。

22. 指定的工作人员在公共汽车上迎接学生,并护送他到教室,以便他能更平静地进入教室。

23. 学生应远离分散注意力的刺激物(空调、交通繁忙区域等)。

24. 学生的作业和作业周期应与学生的注意力范围一致,使用计时器的视觉辅助。

25. 学生在课桌前工作时允许站着。

26. 学生不会被分配大量的书面作业。

27. 学生接受的非书面形式的作品(即展示、口头报告、项目、海报)。

12.10.2　测试环境设置

1. 测试应在小组和平静的环境中进行。

2. 为减轻学生的考试压力,不限定学生的考试时间。

3. 学生口头而非书面给出测试答案。(测试也采用口头测试。)

12.10.3　重新定义行为问题

1. 升级信号(玩铅笔、大声说话、不适当的大笑)将被认定为失调,而不是不适当的行为。

2. 学生的消极行为被认为是焦虑和压力水平增加的信号。

3. 将消极行为视为情绪失调的问题(而不是以压力、恐惧和压倒性压力为重点的行为问题),以帮助学生回到正轨。

4. 通过使用计时而不是超时的方式,为学生创建一个以关系为中心的环境。

12.10.4　帮助的形式

1. 向学生提供策略(即彩色和标签文件夹),以提高组织技能。

2. 向学生提供清晰的组织指导。

调查显示:

"让我想起来上学的原因是,我知道如果我不理解作业,
老师们愿意帮助我。"

---

3. 学生应在指导办公室附近获得一个储物柜,并每周三次协助学生保持储物柜的有序。

4. 学生每天早上都会被单独要求交作业。

5. 成年人转录书面作业(作业和/或家庭作业)的口头回答。

6. 在需要的时候,让学生一对一地理解作业。

7. 老师/助手经常与学生联系以了解情况,并达成作业审查的期望。

8. 学生经常被给予平静的规则提醒。

9. 在教育任务和其他活动设置之间进行转换时,应向学生提供帮助。

10. 为了最大限度地减少挫折感和随后的表演行为,老师将为学生提供频繁的休息和持续的鼓励。

11. 如果学生仓促地提交作业,提醒他,仔细检查作业。

12. 指导学生设定短期目标来完成作业,特别是长期作业,如读书报告、项目和研究论文。

13. 学生不会因为潦草的笔迹而受到处罚,可以接受打印的书面作业。

调查显示:

"与学生接触更密切的老师,不仅仅是分发作业和开讲座,他们更关注学生。"

---

14. 当学生在社交活动中退缩胆怯时,应给予他们帮助。

12.10.5　关系的力量

1. 学生在无法完成任务且不违反课堂规则时,可选择与首选成年人交谈。允许学生在一天中会有数次这种情况的发生。

2. 当学生情绪激动和偏离轨道时,应向学生提供口头提示,确保其安全。

3. 老师和工作人员提供积极的倾听时间,以了解学生的感受,并帮助学生在学校关系中建立信任。

4. 老师和学生在校外建立关系。例如,如果学生一天过得不好,老师会在晚上给他打电话,让他放心,第二天情况会好转。

5. 学生在自己擅长的领域成为另一个学生的同伴老师。

12.10.6　行为/规定方式

1. 当学生变得情绪失调时,他们可以选择:

➢ 读十分钟的书。

➢ 与指定的成年人一起散步。

➢ 去教室里的安全地带。

➢ 在计算机上工作十分钟。

2. 当学生表现出消极行为时,给予他们自我安慰策略(安抚、压力球、口香糖等)。

3. 学生将通过运用视觉和/或语言提示的自我平静策略,提高自我调节能力。

调查显示:

"学校最好没有警告图表。"

---

4. 每天使用三次祈祷,帮助学生建立情绪安全感。例如:

老师:"谁安全?"

儿童:"我很安全。"

老师:"一直还是偶尔?"

儿童:"一直都是!"

老师:"谁负责保护你的安全?"

儿童:"你(老师)负责保护我的安全。"

老师:"一直还是偶尔?"

儿童:"一直都是!"

5. 老师将通过触摸学生的肩膀、坐在学生旁边或向学生发出预先安排好的信号来帮助学生调节和集中注意力。

调查显示:

"不要真的控制我们(我们需要任务的灵活性和成功的鼓励)。"

---

6. 老师将触摸作为一种帮助学生调节的方式,将一只手放在肩膀上,牵着学生的手把他带回到座位上,与学生一起开始呼吸练习等。

7. 老师和工作人员提供一对一的时间,通过散步和/或喝水来帮助学生调节。

8. 学生被允许在需要时离开教室,与特定的工作人员进行"散步、交谈和调节"的活动。

9. 当学生感到沮丧时,可以去预先设置的舒适区。如果学生感到不安,需要休息,老师会提醒他可以去舒适区。

调查显示:

"如果你有安慰自己的小物件,比如一块石头(小的)、一支笔或钥匙链……带上它作为提醒,让自己舒适、平静。"

---

10. 当过渡或同伴谈判进展困难时,学生应学会向成年人寻求安全和帮助。

调查显示:

"因为五年级的时候,我最好的朋友帮我完成了作业,所以如果你身边有伙伴愿意支持你的话,你会感到安全。"

---

11. 当学生在螺旋式时间中时,可以坐在老师附近,这有助于指导和规范他自己。

12. 学生在与同学一起站列队时,必须与受监管的成年人相邻。

13. 在课堂上,学生被分配一项任务或工作(随身携带一些东西,或给自己一个拥抱),让他集中精力,感觉自己有价值。

14. 学生坐在一个好榜样旁边。

15. 学生坐在"学习伙伴"附近。

调查显示：

"当我需要的时候,我应该可以吃点零食。"

---

16. 给学生一份重要步骤的清单,帮助他监控自己的进步。在错过某一步的时候,老师提供线索。

17. 如果学生表现出焦虑和失调的迹象,则应以温和、无威胁的方式与之交谈。

18. 在条件允许的情况下,学生可以在上午和下午三点吃点心。

调查显示：

"我不喜欢老师对孩子们大喊大叫,这让我害怕。"

12.10.7　老师责任

1. 学生团队将接受有关儿童创伤的培训。

2. 成年人在任何时候都要以平静和稳定的心态接近学生。

3. 老师应尽可能保持时间表的可预测性。

4. 老师和教职员工应避免权力斗争,他们不要求学生在最激烈的时刻做出回应,而是让学生有时间冷静下来,与老师一起处理。

5. 老师和教职员工应管理自己的肢体语言,以免向学生间接传达消极情绪。

6. 老师应在其代课老师那里存放一份学生计划。这将包括一名员工,如果需要,他可以为学生提供简单的调节支持,能够在突发情况下为学生提供降低应激水平的技术。

12.10.8　父母责任

1. 与家长举行会议,促进从家庭到学校的积极合作和一致计划。

2. 家长在早上通知老师,学生到达时会比通常情况下更加不稳定。

3. 家长在上学期间可以通过电话和短信与学生联系。

4. 家长帮助并鼓励学生在家里获得支持(即为家庭作业制定规则,每晚与学生一起检查背包,帮助组织材料)。

5. 家长在校外与老师沟通学生的优势和兴趣。

后　　记

　　12个章节关于如何为比利找到理解和帮助的信息，应该是对比利进行帮助所需要做的工作的全部内容了。但有时如此，有时亦不如此。现实可能会有不同的结果，原因归结为一个简单的事实：比利可能还没有准备好接受这种理解和帮助。

　　最终，我们必须明白，比利正在走自己的路。他有自己的进度表，有自己的身体康复之路。治愈需要勇气和能力来打破巨大的保护屏障，因为这些屏障是为了保护心灵免受更大的痛苦和恐惧。

　　在我们提供了本书所描述的支持、理解和爱之后，我们的工作就完成了。之后的唯一步骤就是超越结果，把人从结果中剥离开来，除此之外，无他。

　　超越结果很难，因为我们生活在一个以结果为导向的世界里。我们的学校体系是结果导向的缩影。经费是所有学校的基础，在大多数地区由学生的成绩和成果决定。专注于历程的教育方式需要我们充满勇气，对爱的力量充满信心，坚定不移地相信，爱永远不会失败。过去让我们失望的是，恐惧阻碍了我们，并带来了更多的纪律问题和比利更多的抵制。

　　我们要求比利改变，相信爱，我们也必须这样做。我们要求比利放弃他的防御和内部保护的力量，我们也必须做出这些改变，才能支持比利完成这一过程。

　　允许比利的表现和日常行为。这不是放弃教导比利，而是我们需要思考如何改变我们衡量孩子行为结果的思维方式。扪心自问你与比利交往的过程："我今天给比利理解、接受和认可了吗？"这些都是应该衡量的因素。实际上，这些是你唯一可以控制的部分。我们无法控制任何孩子的行为结果，尤其是比利。虚妄地认为我们可以改变比利，实质上是忽视和抹黑自由意志的力量和强大。

　　我们生活在这个星球上，天生就有自由意志。这就是为什么我们每个人都抗拒权力和控制。我们得到这份礼物是为了学习和体验什么是真爱。我们每个人都在这里回到我们起源的本质，体验无条件爱的完整和富足。基于此，任何组织中基于控制和恐惧的管理模式，无论是公司、个人关系还是课堂，从长远来看都会失败。

解决办法是将评估和关注点转回给我们，老师、家长、管理员和学校支持人员，除了给予爱的礼物之外，没有任何东西是可以保证的。之后，才是接受者接受或拒绝爱，改变或保持不变。

你给予爱和保持专注的能力是新的结果。

在每一天、每一年、每一个十年或整个一生结束时，回顾过去，问问自己，你是否尽了一切努力去创造一个充满爱和一个不一样的积极空间。我们一直在问错误的问题，这只会导致感觉无比糟糕。我们一直在问这个孩子是否表现良好，是否通过了州成绩测试，或者是否被哈佛录取。正如我们在本书中所看到的，如果你问错了问题，你就会得到错误的答案。

与孩子们一起工作的每一个人都应该问的问题是，"我的爱有多深？"以及"我能在多大程度上超越自己的想法和框架，以比利的角度看世界？"

当你能够完全无条件地为比利提供帮助时，你就做到了。然后，比利会在这个历程中接受帮助和改变。

有时候比利会改变，有时候他不会，或者他只是没有做好改变的准备，或者时机未到。在这一点上，爱就是放手和允许，退一步给比利自由意志的权利。爱他，为他创造界限，给予你能给予的，因为这已经是足够好的了。让爱接管这里，永远对自己保持善良和友爱。

爱将一直继续……

Heather T. Forbes

关于作者

　　希瑟·T·福布斯是科罗拉多州博尔德市超越后果研究所的联合创始人和实际管理者。自 1999 年以来,福布斯一直致力于创伤和康复领域的研究。她是一位享有盛誉的作家,作品销往世界各地,其主要著作聚焦于儿童的行为问题的养育方式,以及童年创伤对发育中的儿童的影响。福布斯的家庭中有很多教育者,她热爱课堂上的孩子,也热爱寻找方法来教育那些似乎"不可教"的孩子。她的研究成果为科学研究和实际应用之间提供了一个桥梁,为家长、教育工作者和治疗师提供了实用有效的教导工具。她在理解创伤、破坏性行为和收养相关问题方面具有非常丰富的经验,她对这些问题的见解很多都来自于她有两个收养孩子的经历和作为母亲的经历。